非遗传统文化与技艺丛书

溯源 守正 创新

高校非遗文化作品设计与教学实践

于易清 ◎ 著

中国纺织出版社有限公司

内 容 提 要

本书秉承"溯源、守正、创新"的基本思想,对高校非遗文化作品设计方法和创新思路进行阐述,为高校非遗教育提供理论参考,与此同时,也为众多非遗文化爱好者和传承者,提供非遗文化保护的新思路。

本书通过展示精美的非遗文化作品,使大众感受到非遗文化的魅力,可为我国非遗文化传承奠定丰富的群众基础。

图书在版编目(CIP)数据

溯源　守正　创新:高校非遗文化作品设计与教学实践 / 于易清著. -- 北京:中国纺织出版社有限公司,2024. 6. --(非遗传统文化与技艺丛书). -- ISBN 978-7-5229-1862-4

Ⅰ.G12

中国国家版本馆 CIP 数据核字第 20247N6J64 号

SUYUAN SHOUZHENG CHUANGXIN

责任编辑:郭　沫　　责任校对:高　涵　　责任印制:王艳丽

中国纺织出版社有限公司出版发行
地址:北京市朝阳区百子湾东里 A407 号楼　邮政编码:100124
销售电话:010—67004422　传真:010—87155801
http://www.c-textilep.com
中国纺织出版社天猫旗舰店
官方微博 http://weibo.com/2119887771
北京华联印刷有限公司印刷　各地新华书店经销
2024 年 6 月第 1 版第 1 次印刷
开本:787×1092　1/16　印张:6.5
字数:156 千字　定价:88.00 元

凡购本书,如有缺页、倒页、脱页,由本社图书营销中心调换

中华文明历史悠久，非物质文化遗产资源丰富多元，几千年来不断传承，历久弥新。非物质文化遗产，简称非遗。在中国，非物质文化遗产是指各族人民世代相传，并视为其文化遗产组成部分的各种传统文化表现形式，以及与传统文化表现形式相关的实物和场所。非物质文化遗产是中华历史的瑰宝，闪耀着智慧的光芒，更是中华优秀传统文化的重要组成部分。保护好、传承好、弘扬好非遗，对于延续历史文脉、坚定文化自信、推动文明交流互鉴、建设社会主义文化强国具有重要意义。非物质文化遗产的传承方式包括口头、表演、物质、民俗、手工艺等形态，各种形态之间存在必然联系。非物质文化遗产的知识系统、分类系统和命名系统植根于中国本土原有的传统资源，而实践系统则强调"活在民间"，非物质文化遗产是与广大人民生活实践有机结合在一起的，是"活生生的"，故称"活态文化"。

《国家"十四五"时期哲学社会科学发展规划》提出："坚持以中国传统、中国实践、中国问题作为学术话语建构的出发点和落脚点。"从文化遗产保护的国际视角看，中国的非物质文化遗产无论是数量还是质量，都具有十分丰厚的基础。21世纪，工业化、城市化、全球化的进程进一步加快，关于"非物质文化遗产的保护与发展"的学术研究和实践探索也全面展开，如火如荼的理论研究和保护实践，进一步凸显学科建设和人才培养的深层需求。

近年来，随着国家和社会对文化多样性的重视和对传统价值的重新审视，高校中针对非遗文化的创意设计和创新人才培养也应运而生。创意设计是将富于创造性的思想、理念以设计的方式予以物化呈现。具体到非遗文化领域的创意设计即通过将非遗与现代科技、设计相结合，推动非遗的创新与发展，为传统文化注入新的活力，使之更好地适应当代社会的需求，并在当代社会中发挥更为重要的作用。

本书旨在从理论、理念以及实践层面对高校非遗文化教学的背景、价值与传承，以及作品设计的动机、责任与审美进行多层面、深层次的探索。高校非遗文化的教学实践应立足于我国独特的历史、文化、国情，高校非遗文化作品的设计实践应面向当前社会需求，以产出为导向，不断提升非物质文化遗产的理论高度、实践成效、国际传播和社会服务能力。

"十年树木，百年树人。"非遗文化的保护与传承，离不开青年一代的守正和创新。为非遗传承注入青春力量，更需要青年人虚心学习、久久为功。本书的创作初衷即希望能够激发不同的读者，尤其是青年一代对高校非遗文化教育的兴趣与思考，培养更多理解并热爱传统文化的群体，促进非遗文化在更广泛的社会层面得到传承、创新与发展。

于易清

2024 年 2 月

第一章　高校非遗文化教学实践的背景 …… 001

第一节　中国非遗文化的价值与传承 …… 002

第二节　高校非遗文化作品设计的动机 …… 009

第三节　高校教育对非遗传承的责任 …… 010

第二章　溯源——非遗文化的深度挖掘 …… 017

第一节　非遗文化的溯源研究 …… 018

第二节　民间传承与当代创新的平衡 …… 019

第三节　地方文化对非遗的影响与融合 …… 024

第三章　守正——高校非遗文化作品设计的传承与保护 …… 025

第一节　传统工艺的再现与保护 …… 026

第二节　高校作品中的非遗文化符号运用 …… 030

第四章 创新——高校非遗文化作品设计的当代实践 ⋯⋯ 035

  第一节 当代设计趋势与非遗的结合 ⋯⋯ 036

  第二节 跨界合作与非遗文化传播 ⋯⋯ 043

  第三节 高校与非遗保护机构的合作 ⋯⋯ 046

第五章 高校非遗文化作品设计与教学实践的展望 ⋯⋯ 049

  第一节 创新实践的启示 ⋯⋯ 050

  第二节 对高校非遗文化作品设计教学的设计 ⋯⋯ 053

  第三节 培养学生对非遗文化的创新意识 ⋯⋯ 058

参考文献 ⋯⋯ 065

附　录 ⋯⋯ 067

第一章 高校非遗文化教学实践的背景

高校非遗文化研究源于对中国传统文化的珍视与传承。非物质文化遗产（以下简称非遗）作为历史的活化石，承载着丰富而深刻的文化内涵。高校非遗文化的研究旨在通过深入挖掘、系统整理非遗资源，推动这一独特文化形态在当代的传播与创新。在全球化背景下，高校非遗文化的研究成为传统文化与现代社会相融合的纽带，为培养具有国际视野的人才提供了新的可能。这一研究背景不仅关注传统文化的保护和传承，更注重如何使非遗文化在当代社会焕发新的生命力，为文化多样性的繁荣贡献力量。

第一节　中国非遗文化的价值与传承

中国非遗文化承载着千年传统文化，是中华文明的瑰宝，具有丰富而深刻的价值与传承意义。作为非遗的代表，它不仅反映了中国人民的智慧和创造力，更是历史传承的见证。这一宝贵的文化遗产在当代社会依然发挥着重要作用，既是国家认同感的象征，又是促进经济发展和社会凝聚的力量。在这样的背景下，深入探讨中国非遗文化的价值与传承成为一项重要的使命，可促使其在现代社会中焕发新的生命力，为传统文化的传承注入新的动力。中国非遗文化的价值和传承体现在以下十个方面。

一、历史传承与文化根基

非遗文化承载着中国几千年的历史积淀，是中华文明的重要组成部分。通过传统技艺、民间艺术等形式，非遗文化体现了丰富的历史传承，为今日文化发展奠定了深厚的基础。

非遗文化在历史传承与文化根基方面发挥着重要而深远的作用。通过传统技艺的传承，非遗文化保留了古老的手工艺和工艺技能，这些技艺往往代代相传，由师傅传给徒弟，形成了丰富而独特的技艺传统。这种传承不仅延续了几千年来的制作方法，更传递了技艺背后的文化内涵、工匠精神和价值观念。

民间艺术作为非遗的一部分，通过口头传统、表演艺术等形式，将历史故事、民间传说融入艺术表达中。这样的传承使文化传统以更为生动的形式被保存下来，不仅讲述了历史的事实，还将当时社会中人们的生活方式融入艺术作品，为今日的文化根基提供了丰富的历史资料和文化遗产。

非遗文化还通过家庭、社区的传统传承方式，实现了代际衔接。家族中的长辈将传统技艺传承给年轻一代，社区内的传统节庆表演也通过口耳相传的方式得以延续。这种亲身教导和社群传承方式，使非遗文化成为社会中连接过去、现在和未来的纽带，巩固了文化根基的深厚性。

非遗文化在历史传承与文化根基方面的作用不仅体现在保存了传统技艺和艺术形式，更体现在通过传承实践，将历史、文化传统融入当代社会，为今日文化根基提供了具有深刻内涵的基础。这样的传承既是对历史的致敬，也是对文化传统的珍视，为今后的社会发展提供了有力的支撑。

二、文化身份与认同感

非遗文化是中国人民的文化身份标志，是国家和民族认同感的象征。通过研究和传承非遗，可以增强人们对自身文化传统的认同感，坚定文化自信心。

中国非遗的文化传承在文化身份与认同感方面具有深刻而重要的作用。非遗文化作为中国人民的文化身份标志，通过代代相传的方式，使个体与社群在非遗传承中建立起紧密的文化联系。通过学习和参与非遗传承，个体能够深刻体验到自身所属文化的独特性，从而形成对文化身份的深刻认知。

非遗传承还通过引导人们深入了解传统文化，塑造了对文化传统的认同感。通过学习非遗，人们能够更全面地了解祖先留下的文化传统，包括习俗、价值观念、信仰等方面。

在国家和民族认同感的层面，非遗文化作为象征成为国家形象和文化符号。通过对非遗的传承，国家能够加强对自身文化的认同，形成强大的文化自信心。非遗文化的传承使国家文化在全球范围内展现独特魅力，为国际社会提供了一个更加多元、丰富的文化视角。

非遗传承通过社会教育和宣传，促使更多人参与其中，形成共同的文化认同体验。通过非遗活动和展览，社会能够共同分享文化传统的乐趣，进一步加深对非遗文化的认同感，形成具有广泛共鸣的文化认同。

非遗文化传承在文化身份与认同感方面的作用是多层次、全面化的，既通过个体层面的认同建构，又通过国家和社会层面的认同共鸣。

三、文化多样性的体现

中国地域广阔，各地拥有独特的非遗文化，反映了文化的多样性。通过研究非遗，可以体现和尊重不同地域、民族的文化特色，促进文化多元共存。

中国非遗文化的传承与保护对于体现和促进文化多样性具有重要作用。首先，中国地域广阔，不同地区拥有独特而丰富的非遗文化。这种多元的文化特色不仅体现在技艺表达上，还体现在融入了地方的历史、传统、生活方式等方面。通过对这些非遗文化的传承，能够更好地展示和尊重各地区、各民族的文化特色。

非遗文化的传承不仅仅是对具体技艺的传承，更是对地域文化的传统延续。通过学习和继承非遗，每个地区都能够在传统文化的基础上进行创新，使非遗文化不仅停留在历史层面，更能够与当代社会相结合，保持活力。这种地域特色的传承促进了文化的多元共存，使中国文化更加丰富多彩。

保护非遗文化的重要性体现在对文化多样性的尊重上。在全球化的潮流中，文化的同质化和单一化成为可能，而非遗文化的传承与保护成为维护本土文化多样性的关键手段。通过坚持非遗文化的传承，可以确保各地区的文化特色在时光的冲刷下得以保存，避免文化的单一化。

非遗文化保护有助于在社会层面形成文化多元共存的氛围。通过各地区的非遗传承，人们能够更加理解和尊重不同地域、民族的文化传统，增强文化多元共存的意识。这有助于构建一个更加包容和和谐的社会环境，促进文化的相互交流与融合。

非遗文化的传承与保护不仅是对历史文化的珍视，更是对文化多样性的维护。重视非遗文化的传承，有助于提高地域文化的丰富性，促进文化多元共存，构建一个更加多元、繁荣的文化生态系统。

四、价值观传递与社会凝聚力

非遗文化中蕴含的价值观，如勤劳、正直等传统美德，通过代代相传，可有效发挥对社会的凝聚作用。这些价值观对于塑造社会良好风气、培养良好的公民素养具有积极意义。

中国非遗文化的传承与社会凝聚力紧密相连，其中蕴含的价值观在传承过程中得以传递，对社会精神文明建设和公民素养培养具有积极意义。非遗文化强调的勤劳、正直等传统美德，不仅是技艺传承的一部分，更是代代相传的社会道德和行为准则。通过学习和传承非遗，后代能够深刻体验到这些价值观在实践中的重要性，塑造良好的社会风气。

非遗文化采用家族、师徒等传统传承方式，强调的是技艺的传递，更是价值观念的沿袭。在这个过程中，学习者接触到师长的生活态度、职业操守等，形成对勤劳等传统美德价值的深入理解。这样的价值观传递促使社会成员形成共同的文化认同，增强社会凝聚力。

非遗文化中的价值观传递也对公民素养的培养产生了有益影响。通过参与非遗传承，能够培养个体具有良好的职业道德、人际关系和社会责任感。这些价值观在传承者身上得以体现，成为社会中的榜样，对提升社会公民的品质和素养同样会产生积极影响。

五、创新与发展

研究非遗并非止步于传统，更应注重如何在当代社会中创新发展。通过将非遗与现代科技、设计相结合，可以为传统文化注入新的活力，使之更好地适应当代社会的需求。

中国非遗文化与现代科技结合，取得了显著的效果。首先，非遗文化的传承经过创新性的整合，与现代科技相结合形成了更加生动、多样的表达方式。传统技艺通过数字化、虚拟现实等技术被展现在当代社会，使得非遗文化更具互动性、立体感和创新性，吸引了更多年轻人的关注。

在设计方面，非遗文化的元素被巧妙地融入现代产品、艺术品的设计中。通过在产品设计、建筑装饰等领域中运用非遗元素，不仅保留了传统文化的独特魅力，而且使其在当代生活中得到了更广泛的应用。这种创新性的结合，促使非遗文化在市场上具有更强的竞争力，为传统手工业的发展拓宽了空间。

现代科技的发展为非遗的保护和传承提供了新的手段。数字化技术、大数据分析等工具被用于记录、存储和传播非遗文化，使非遗传承更为高效和可持续。高新技术的介入不仅有助于保护非遗文化的物质形态，更为其数字化呈现提供了可能，使非遗在虚拟空间中得以传承。

通过创新发展，非遗文化在当代社会中焕发出新的生命力，更好地适应了社会的需求。这种结合不仅促进了传统文化的传承，还推动了非遗的创新与发展。

六、国际交流与文化交融

研究和传承非遗，可以促进国际文化交流，促使各国相互理解，增进各国的友谊。非遗文化在全球范围内展示了中国文化的独特魅力，为文化交融提供了契机。

中国非遗文化在国际交流中发挥着重要的作用，通过研究和传承非遗，促进了国际文化交流，增进了各国之间的理解与友谊。非遗文化作为中国文化的代表，在全球范围内展示了独特的魅力。非遗的传承让国际社会得以深入了解中国传统文化的丰富内涵，这种文化元素的传播促使各国对中国文化产生兴趣与认同。

非遗文化的传承为国际社会提供了文化交融的契机。在国际交流中，不同国家、不同文化背景的人们通过学习和体验中国非遗，能够更深入地了解中国的历史、价值观念以及传统技艺。这种交流不是单向的，而是双向的，为各国之间的文化交融提供了平台。

非遗文化的传承，促使国际社会形成了共同的文化认同，这有助于建立文化互信，缓解文化冲突。非遗文化的国际传播不仅是一种文化输出，更是一种文化对话，使各国在尊重彼此差异的同时，找到共同的文化价值。这样的文化交流有助于增进国际社会的理解与友谊，为世界和平与繁荣创造了良好的文化氛围。

中国非遗文化在国际交流中扮演着重要的角色，通过促进文化交流、增进理解与友谊，为全球文化的多元共存和共同发展做出了积极的贡献。这种文化传承与交流是推动国际社会走向更加和谐与互通道路的重要力量。

七、经济效益与就业机会

非遗文化的传承和发展不仅有文化层面的意义，还对经济产生积极影响。通过振兴传统手工业、文创产业等，非遗文化可以为社会创造就业机会，促进地方经济的繁荣。

中国非遗文化在就业层面发挥着重要的作用，其传承和发展不仅在文化层面具有意义，更对经济产生积极影响。非遗文化为许多手工艺人提供了就业机会。传统手工业往往与非遗技艺密切相关，这不仅促进了手工业的发展，还为手工艺人提供了更多的就业机会，维系了他们的生计。

文创产业的兴起也是非遗文化在就业层面产生积极影响的表现。通过将非遗元素与现代设计相结合，创造出具有市场竞争力的文创产品，为许多设计师、艺术家提供了就业机会。这种结合不仅推动了传统文化在当代社会的传播，也创造了新的就业领域，为年轻一代提供了更多的发展机会。

非遗文化的传承与发展还催生了相关产业链，如非遗旅游、非遗教育等。这些新兴领域为就业创造了更多的机会，不仅使传统手工业、文创产业得以振兴，也拓展了非遗产业的多元发展路径。

中国非遗文化在就业层面的作用不仅表现在传统手工业和文创产业的振兴，还体现在相关产业链的形成。通过为从业者提供就业机会，非遗文化的传承与发展既为传统手工艺人提供了生存的空间，又创造了新的经济增长点，为社会经济的繁荣做出了积极贡献。

八、生态环保与可持续发展

部分非遗文化与自然环境有机结合，注重可持续发展。传统农耕、手工业等非遗项目往往与自然资源的保护相联系，通过研究非遗文化的传承，可以推动人与自然的和谐共生。

中国非遗文化的传承与发展在生态环境保护与可持续发展方面发挥着重要作用。部分非遗文化与自然环境有机结合，注重自然资源的可持续利用。例如，传统农耕和手工业往往在生产过程中倡导节约、环保的理念，通过传承非遗项目，人们更容易认识到保护环境的重要性，形成对自然资源合理利用和促使其可持续发展的观念。

传统农耕作为一种非遗文化，强调与自然环境的和谐共生。通过古老的农耕技艺，人们学会尊重土地，注重自然的周期性和生态平衡。这种传承不仅是对传统农业文化的保护，更是一种生态智慧的延续，有助于推动可持续农业的发展，减少对生态环境的压力。

手工业作为另一种非遗文化，同样在可持续发展方面发挥重要作用。传统手工业往往使用自然材料，注重手工制作，有利于减少工业生产过程中的资源浪费。传承手工业技艺，不仅保留了古老的手艺，更为现代社会提供了一种可持续的生产方式，减轻了环境的负担。

非遗文化传承通过对自然环境的认识和尊重，有助于引导人们形成绿色生活理念。传承者往往将环保理念融入非遗传承教育中，使学习者更加关注可持续发展，形成对生态平衡和环境保护的积极态度。

中国非遗文化的传承与发展在生态环境保护与可持续发展方面发挥了积极作用。传承农耕、手工业等环保理念，形成了对自然资源合理利用和促使其可持续发展的观念，为推动人与自然的和谐共生、建设绿色社会提供了有益的支持。

九、教育与知识传播

高校非遗文化的研究，将相关知识融入教育体系，培养学生对传统文化的理解和热爱。这有助于将非遗文化的传承延伸到更广泛的社会层面。

高校非遗文化的研究对教育与知识传播起到重要的推动作用。将相关知识融入教育体系，可以培养学生对传统文化的理解和热爱，从而将非遗文化的传承延伸到更广泛的社会层面。高校非遗文化为教育系统提供了宝贵的文化资源。将非遗文化的研究内容纳入高校课程，使学生有机会深入了解传统文化的内涵和价值，形成对非遗文化的认同与热爱。

通过高校非遗文化的研究，学生能够接触到丰富的非遗知识，包括传统技艺、民间艺术、文化、历史等方面。这种知识传播不仅仅停留在课堂上，还通过学生的参与和实践，使非遗文化的传承更加生动和深入。学生在这个过程中，不仅能够了解传统文化的瑰宝，更能够体验非遗文化的魅力，从而对传统文化产生浓厚的兴趣。

高校非遗文化的研究也为学术研究提供了新的领域。深入研究非遗文化，可以推动相关学科的发展，促进知识的创新和传播。这种学术研究不仅为高校师生提供了更多的学术资源，也为非遗文化的传承提供了更为全面深入的理论支撑。

高校非遗文化的研究为教育与知识传播搭建了桥梁。将非遗文化融入高校课程，可以培养学生对传统文化的热爱与理解，促进非遗文化在更广泛的社会层面传承和发展。

十、法律法规与政策支持

高校非遗文化研究有助于制定更加完善的法律法规和政策，保障非遗传承的权益，促进非遗事业的可持续发展。

深入研究非遗文化，可以为相关法律法规的制定提供理论依据和实证支持。了解非遗传承的实际情况、面临的问题和需求，有助于政府及相关机构更加全面地考虑非遗事业的法治环境。

在制定法律法规的过程中，高校非遗文化研究的成果可以为相关法规的具体条文提供参考。研究非遗文化的传承模式、保护需求等，可以为法规的制定提供更为细致的建议，确保法律法规更加符合非遗事业的实际情况，更有利于保护和传承非遗文化。

高校非遗文化研究还可以为政府制定相关政策提供支持。深入了解非遗文化的价值、传承方式等，可以为政府提供科学的政策建议，促使政府出台更有针对性和可行性的扶持政策。这些政策支持有助于提升非遗传承者的积极性，推动非遗事业的可持续发展。

在中国非遗传承中，法律法规的制定发挥着重要作用。例如，《中华人民共和国非物质文化遗产法》等法规为非遗传承提供了法律依据和保障，明确了非遗的传承责任和保护措施。这些法规的制定与修订往往受益于高校非遗文化研究的深入探讨，以确保法规更加符合实际情况和非遗传承的特点。

高校非遗文化研究在法律法规和政策制定中扮演着重要的角色，提供理论支持和实证研究成果，有助于保障非遗传承的权益，推动非遗事业的健康可持续发展。

第二节　高校非遗文化作品设计的动机

高校非遗文化作品设计的动机与非遗培训密切相关，二者相结合可以在多个方面产生积极效果。

第一，结合非遗培训，高校能够更深入地了解传统非遗文化的技艺和价值。非遗培训为高校提供了实践的机会，使学生能够亲身体验传统手工艺等非遗技艺，更好地理解非遗文化的独特之处。

非遗培训为高校学生提供了更为系统和专业的非遗知识体系。通过专业的培训，学生能够系统学习非遗文化的历史、传承方式、技艺要点等方面的知识，为他们在设计过程中更加深入地挖掘和体现非遗元素提供了理论基础。

高校非遗文化作品设计结合非遗培训，可激发学生对非遗文化的兴趣与热情。实际参与非遗培训，学生更容易感受到传统文化的魅力，从而在设计过程中更具动力和创造力。非遗培训不仅促使学生更全面地理解非遗文化，也使他们的设计作品更富有创意和具有独特性。

非遗培训为高校提供了合作与交流的平台。与非遗传承者、艺术家等专业人士合作，学生可以更直接地从传承者身上学习到非遗技艺的精髓。这种合作有助于将理论知识与实践技能相结合，提高学生的设计水平。

高校非遗文化作品设计与非遗培训的结合为学生提供了更为全面和深入的非遗体验，激发了他们对传统文化的热情，推动了非遗元素在设计中以更加有深度和创意的方式呈现。

此外，高校非遗文化作品设计结合非遗培训还在一定程度上强化了对非遗传承者的尊重与认同。通过与传承者的接触及合作，学生能够更深刻地理解传统技艺的价值，同时在设计中更注重尊重和传承非遗元素。这种合作与互动有助于在学生与传承者之间搭建文化的桥梁，促进两代之间的文化传承。

第二，在实践过程中，结合非遗培训的高校非遗文化作品设计能够加强学生的实际操作能力。传统非遗技艺往往需要手工制作和实际操作，通过培训，学生将更好地掌握传统工艺的实际技能，从而在设计中更加得心应手，保证作品的质量和传统文化的真实性。

最重要的是，高校非遗文化作品设计结合非遗培训为学生提供了更广阔的职业发展空间。参与非遗培训，学生不仅能够积累丰富的非遗文化知识和技艺，还能够建立与传承者、行业专业人士的联系，为未来的就业和创业奠定基础。这种结合也有助于培养学生对非遗事业的责任感和使命感，使他们成为非遗传承的推动者和领导者。

高校非遗文化作品设计结合非遗培训，不仅为学生提供了更为深入的非遗体验和实际操作机会，还强化了对传承者的尊重，拓展了职业发展空间，促进了非遗文化的传承和发展。这种结合模式既服务于学生个体的学习与发展，同时也推动了整个非遗事业的繁荣发展。

第三，高校非遗文化作品设计结合非遗培训还有助于打破传统与现代之间的壁垒。学生参与非遗培训，既可以让传统非遗技艺在新一代设计师中得到传承，也为非遗文化注入现代设计的元素，促成传统与现代的对话和融合。

这种结合模式有助于提升非遗文化的社会影响力。高校非遗文化作品设计与非遗培训相结合，学生的作品可能会在更广泛的社会范围内展示和传播。这不仅为非遗文化赢得更多的关注与认可，而且为社会带来更多对传统文化的认知和理解。

高校非遗文化作品设计结合非遗培训可以在更大范围内促进文化的传承。学生通过培训了解传统非遗技艺，将其融入设计中，使作品呈现独特的传承方式，这将成为一种有力的文化传播方式，激发更多人对非遗文化的兴趣，推动社会对非遗事业的关注。

高校非遗文化作品设计结合非遗培训是一种有益的模式，不仅加强了学生对非遗文化的实际了解和对传承者的尊重，还促进了传统与现代、学术与实践的交流及融合。这种结合不仅服务于学生的全面发展，而且为非遗文化的传承与发展提供了更为广泛的支持，具有重要的推动作用。

第三节　高校教育对非遗传承的责任

高校教育在非遗传承中扮演着关键角色，其责任体现在多个方面，而且较为复杂。通过将非遗文化融入课程体系，有利于培养传承者与研究者，弘扬文化价值观，与社会合作促进非遗发展，倡导创新与现代发展，促进国际文化传播，以及建立非遗保护机制。高校既传承了传统技艺与知识，也培养了学生的文化认同感、创新能力，并推动了非遗在国际上的传播。这种多层次的责任为非遗文化的可持续传承和发展提供了全面的支持。

一、文化传承与教育融合

高校教育应致力于将非遗文化融入课程体系，通过专门的非遗课程或项目，传授学生相关知识和技艺。教育应强调非遗文化的历史渊源、技艺精髓，使学生对传统文化有更深刻的认识。

高校在非遗教育中负有重要责任，特别体现在将文化传承与教育融合的过程中。这一责任体现在以下四个层面。

（一）保护非物质文化遗产

高校应致力于将非遗文化融入课程体系，设立专门的非遗课程或项目，使学生有机会学习和传承传统的非物质文化遗产。教育机构可以通过传授相关知识和技艺，帮助学生了解非遗文化的独特之处，从而为非遗的保护提供人才支持。

（二）传承技艺与知识

通过专门的非遗课程或项目，高校教育应着力传授学生与非遗相关的技艺和知识。这不仅包括具体的手工技能，还包括非遗文化的历史、渊源等方面的知识。学生通过深入学习这些技艺和知识，能够成为非遗文化的传承者，将传统技艺传递给下一代。

（三）培养非遗传承者与研究者

高校应培养非遗传承者，使学生能够成为传统文化的继承者和发展者。这需要在课程中注重实践经验的积累，让学生真正掌握非遗技艺。同时，高校应为学生提供研究非遗的机会，鼓励他们深入挖掘非遗文化的内涵，成为非遗文化的研究者。

（四）强调文化历史与技艺精髓

教育机构在非遗教育中要强调非遗文化的历史渊源和技艺精髓，使学生对传统文化有更深刻的认识。这包括非遗的起源、发展历程，以及技艺背后的文化内涵。通过历史的延续性和技艺的精髓传承，学生能够更好地理解非遗文化的深层次内涵，为其传承提供更为坚实的基础。

二、培养非遗传承者与研究者

高校应努力培养非遗传承者，通过系统的培训和实践，使学生成为能够传承和发展非遗文化的专业人才。提供相关专业的研究机会，推动非遗理论深入发展。

（一）系统培训传承者

高校应通过系统的培训和实践，包括传统手工艺、民间技艺等方面的专业培训，使学生具备传承非遗技艺的实际操作能力。学校可以设立非遗传承相关专业课程，引导学生深入了解非遗文化，培养他们对传统技艺的热爱与责任感。

（二）提供研究机会

高校应为学生提供相关专业的研究机会，鼓励他们深入研究非遗文化的理论。这涉及非遗文化的历史、文化内涵、传承方式等多个方面的研究。学生在研究中能够深入挖掘非遗文化的深层次内涵，形成对非遗的系统性理解，为非遗理论的深入发展提供新的视角和观点。

（三）推动非遗理论深入发展

培养非遗研究者，有助于推动高校非遗理论的深入发展。学生通过深入研究非遗，能够为非遗文化的理论框架、保护策略等方面提供新的思考方向和建议。学校可以设立非遗研究中心或实验室，为学生提供专业的研究平台，推动非遗理论的不断创新和深化。

（四）注重理论与实践结合

高校在培养非遗传承者与研究者时应注重理论与实践的结合。理论知识的传递与实践技能的培养相辅相成，使学生既能够理解非遗文化的深层次内涵，又能够实际操作传统技艺。

提供实地考察、实践活动等机会，让学生在实际中更深入地理解和体验非遗文化。

三、弘扬非遗文化价值观

教育不仅要传授技艺，更要弘扬非遗文化所蕴含的价值观，通过教育引导学生认识非遗文化对社会和个体的积极意义，培养他们对非遗的热爱和责任感。

（一）传授文化背景与意义

高校教育应该通过非遗课程或项目，传授非遗文化的历史渊源，以及技艺的深层含义，有助于学生更全面地理解非遗文化的背景和价值。

通过对非遗文化意义的深入探讨，学生能够认识到非遗不仅是一种技艺，更是文化传承和社会价值的象征。

（二）强调价值观的传承

高校应强调非遗文化所蕴含的价值观，如勤劳、传统美德等。这需要在教学中融入对这些价值观的解读和强调，使学生在学习非遗技艺的同时，注重其背后的文化价值。

通过强调这些价值观，学生能够更好地理解传统文化的精髓，培养对社会和文化传统的尊重。

（三）引导学生对非遗的积极认知

高校教育应该引导学生认知非遗文化对社会和个体的积极意义。这包括非遗对社会凝聚力、文化认同感的贡献，以及对个体品格培养的积极影响。学校可以通过案例研究、实践活动等方式，让学生亲身体验非遗文化所带来的积极影响，激发他们对非遗的热爱与认同。

（四）培养责任感与文化自信心

通过强调非遗文化的价值观，高校有责任培养学生对非遗的责任感。这包括对传统文化的保护与传承的责任，以及将非遗文化传播给更广泛社会的责任。同时，通过教育培养学生的文化自信，使他们能够在面对传统文化时更具有自信和骄傲感。

四、与社会合作促进非遗发展

高校应与非遗传承者、相关机构建立合作关系，将理论与实践结合，促进非遗技艺在社会中的传播与发展。通过开展实地考察、实践活动等，使学生更直接地参与非遗传承工作，增强实际操作能力。

（一）与非遗传承者建立紧密的联系

高校应当与非遗传承者建立紧密的联系，通过合作项目、工作坊等方式，使学生直接接触传统非遗技艺的传承者。

这种联系有助于学生更深入地理解非遗文化，同时也为传承者提供了与年轻一代交流的机会，促进传统技艺的传承。

（二）与相关机构合作推动研究与实践结合

高校可以与非遗保护机构、文化遗产部门等建立合作关系，将理论与实践结合，促进非遗技艺在社会中的传播与发展。

合作关系可以包括联合研究项目、组织实践活动等，通过高校的专业知识和研究资源，推动非遗的理论研究与实际传承工作的结合。

（三）开展实地考察与实践活动

通过与社会合作，高校可以组织学生进行实地考察、实践活动，使其直接参与到非遗传承工作中。

学生在实际操作中能够更好地理解非遗技艺的传承方式，同时也为传承者提供了学生的新鲜视角和创新力，推动传统技艺与现代社会的对话。

（四）促进非遗技艺在社会中的传播

通过与社会合作，高校可以促进非遗技艺在社会中的传播。这包括参与社会展览、文化活动，使非遗技艺更广泛地为社会所了解和接受。

学生通过参与这些活动，既能够提升自身对非遗的认知，也为非遗在社会中的传播起到积极的推动作用。

五、倡导创新与现代发展

教育应鼓励学生在非遗传承中发挥创新精神，结合现代设计、科技等元素，使非遗文化更好地适应当代社会的需求。提倡将非遗与创新结合，培养学生在非遗传承中发挥创造力的能力。

（一）激发学生创新精神

高校应该通过课程设置、项目设计等手段，激发学生在非遗传承中发挥创新精神。这包括鼓励学生提出新颖的创意、思考传统技艺的现代化应用等。

创新精神的激发使学生在非遗传承中能够更积极地参与到创造性的工作中，为传统技艺注入新的活力。

（二）结合现代设计与科技

高校应推动非遗传承与现代设计、科技相结合。引入现代设计理念，使传统技艺在形式上更符合当代审美。

利用科技手段，如数字化技术、虚拟现实等，为非遗文化注入现代元素，提升传统技艺的传播效果。

（三）适应当代社会需求

鼓励学生思考如何使非遗文化更好地适应当代社会的需求。这可能涉及产品的市场化、文化体验的现代化等方面，以确保非遗文化在当今社会中有更广泛的影响力。

学生通过这些思考与实践，能够培养对社会变化的敏感性，使非遗传承更具有实际意义。

（四）将非遗与创新相结合

提倡将非遗与创新相结合，使学生能够在传承的同时发挥创造力。这可能包括在传统技艺中融入新材料、新工艺，或者探索非遗技艺在当代社会新的应用领域。

通过这种结合，非遗文化能够更好地适应社会的发展，并在创新的过程中得到新的发展机遇。

（五）培养学生的创造力

高校非遗传承教育应该致力于培养学生在非遗传承中发挥创造力的能力。这包括培养学生对传统文化的重新思考和创新能力，使其能够在传承的基础上开展更富有创意的工作。

创造力的培养使学生能够在非遗传承中做出更有影响力的贡献，推动非遗文化的发展更为丰富和多元。

六、国际交流与文化传播

高校应鼓励学生参与国际性的非遗文化交流，促进中外文化的互鉴与交融。学生成为非遗文化的国际传播者，有利于增强中国非遗在国际上的影响力。

（一）促进中外文化的互鉴与交融

通过与其他国家或地区的非遗传承者交流，学生能够深入了解不同文化之间的相似性和差异性。这有助于拓宽学生的国际视野，促使中外文化在非遗传承中相互启发，形成更为丰富和多元的文化体验。

（二）使学生成为非遗文化的国际传播者

高校有责任教育学生成为非遗文化的国际传播者。培养学生具备在国际舞台上传播中国非遗文化的能力，包括跨文化交流的沟通技能和对国际文化需求的了解。

学生作为非遗文化的国际传播者，可以参与国际展览、文化节等方式，将中国非遗带向更广泛的国际受众。

（三）增强中国非遗在国际上的影响力

国际交流与文化传播，有助于增强中国非遗在国际上的影响力，培养出具有国际竞争力的非遗传承者，使他们能够在国际舞台上展示中国非遗的独特魅力。

这有助于推动中国非遗在国际文化领域更深层次的传播，为中华文化在国际上赢得更多的认同和尊重。

（四）建立国际合作与交流平台

高校可以建立国际合作与交流平台，与其他国家或地区的高校、文化机构合作，共同推动非遗文化的国际传播，包括学生交流项目、联合研究项目等。

履行这些责任，高校既能够培养国际化的非遗传承者，也为中国非遗文化在国际上的传播奠定坚实的基础。这种国际交流与文化传播的推动有助于中国非遗更好地融入全球文化共同体，实现跨文化传承的目标。

七、建立非遗保护机制

教育机构在非遗传承中还应积极参与建立非遗保护的相关机制，包括法规、政策等方面的支持，为非遗传承提供法律和制度上的保障。

（一）法规与政策的建立

教育机构应与相关文化、法制机构合作，参与制定与非遗保护相关的法律法规和政策。包括对非物质文化遗产的法律定义、保护范围、权益保障等的规定。

积极参与法律法规的制定，教育机构能够在法律层面为非遗传承提供更为明确的支持，确保非遗的传承不受侵犯。

（二）法规的宣传与普及

教育机构有责任将相关法规与政策进行宣传与普及。通过课程、研讨会等形式，向学生普及与非遗保护相关的法律知识，增强他们对法规的认识和遵守意识。

宣传与普及相关法规，可以提高社会对非遗保护的认知度，形成全社会共同关注和支持非遗传承的氛围。

（三）建立非遗档案与数据库

教育机构可以参与建立非遗档案和数据库，记录和整理非遗项目的相关信息，包括技艺传承者、传承方式、历史渊源等。这有助于全面保护和传承非遗。

建立这样的档案与数据库，教育机构能够提供丰富的信息资源，为研究、保护、传承提供参考和支持。

（四）培养法律意识

教育机构在非遗传承教育中应当培养学生的法律意识，使他们了解并遵守与非遗保护相关的法规。这包括对传承者权益的尊重、非遗技艺的合法传承等。

培养法律意识，可以使学生在非遗传承中更具有规范性和法治精神，确保传承过程的合法性与合规性。

（五）参与非遗项目评估与保护计划

教育机构可以积极参与非遗项目的评估与保护计划。通过研究项目的传承情况、面临的挑战等，提供专业建议，协助制订有效的保护计划。

参与评估与保护计划有助于保障非遗项目的传承环境和传承者的权益，确保非遗的可持续发展。

建立非遗保护机制，教育机构能够在法律与制度层面为非遗传承提供全方位的支持，确保非遗文化得到有效的保护与传承。这也是教育机构在文化传承中发挥的重要作用，其为非遗的可持续发展提供了坚实的基础。

高校教育在非遗传承中具有多层面的责任，既包括传承技艺与知识，也涉及文化价值观的传播、创新发展、国际交流等方面。这些责任的履行将为非遗事业的可持续发展提供强有力的支持。

第二章

溯源——非遗文化的深度挖掘

溯源——非遗文化的深度挖掘的研究目标旨在深入挖掘非遗文化的源流和根基。在高校中，非遗文化的传播不仅是知识的传递，更是对传统文化的深度挖掘和理解。通过结合社会上的非遗培训，高校为学生提供了学术性与实践性相结合的非遗教育形式，培养其对非遗文化的深度研究能力和实际传承技艺的实践机会。这一综合性的培训模式不仅加强了学生对非遗的认知，也促进了非遗文化在社会中的传承与弘扬，实现了理论与实践的有机结合，为非遗文化的深度挖掘奠定了坚实基础。

第一节 非遗文化的溯源研究

在高校中，非遗文化的溯源研究展现出多层次的内涵。通过学术上的深度挖掘、实践上的传承、跨学科、学术团队合作等方面，非遗溯源研究在培养学生对传统文化的研究兴趣、提升学生的文化素质、促进传统与现代的对话、拓展非遗文化社会影响力，以及保护非物质文化遗产等方面发挥了重要作用。这一系列工作不仅为非遗文化的深度传承提供了学术支持和实践基础，也为学生培养全面素养、促进文化交流与保护提供了有益经验。高校非遗溯源研究成为推动传统文化传承与发展的重要力量，为建设富有文化底蕴的社会作出了积极贡献。

一、学术上的深度挖掘

在高校中，非遗文化的溯源研究首先体现为学术深度挖掘。学者们通过研究文献、历史资料等，深入追溯非遗文化的源流、演变过程，以及其背后的文化内涵。这有助于揭示非遗文化的深厚历史积淀，为其传承提供理论支持。

二、实践上的传承

高校非遗传承不仅限于书本知识，更注重实践上的传承。学生通过参与非遗项目、实地考察等实践活动，深入了解传统技艺的具体操作和应用。这种实践性的传承能够使学生更全面地理解非遗文化，将理论知识转化为实际技能。

三、跨学科研究

在高校中，非遗文化的溯源研究常常涉及跨学科的研究方法。不仅从文学、历史学的角度，还可能结合人类学、艺术学等学科，以全面、多维度的方式挖掘非遗文化的渊源。这有助于形成更为综合和深刻的研究成果。

四、学术团队合作

高校中，非遗文化的溯源研究以学术团队的合作为特点。多个领域的专家学者集思广益，共同探讨非遗文化的渊源，最终形成更为全面和权威的研究成果。这种学术团队的合作有助于提高研究的深度和广度。

五、培养学生的研究兴趣

高校非遗传承通过溯源研究培养学生对传统文化的研究兴趣。让学生参与到溯源研究中，亲身感受研究的乐趣，培养其对非遗文化的深刻理解和热爱，为将来的研究与传承工作打下坚实基础。

第二节　民间传承与当代创新的平衡

在非遗传承中，民间传承与当代创新的平衡成为关键。通过保留传统技艺、与时俱进的创新、创新平台的建设、培养创新意识、文化产业发展、社区参与、文创产业的创新，以及保护传统材料与环保等方面的努力，中国非遗文化在保持传统的同时实现了与当代社会的融合平衡。这种平衡旨在确保非遗文化在现代社会中保持生命力和传承价值，并在文化创新中展现其独特魅力。

一、传统技艺的保留与传承

在非遗文化传承中，对传统技艺的保留与传承成为至关重要的环节。这并非仅是一种简单的传承，而是一场对古老工艺和技法的真实继承，旨在保持非物质文化遗产的原汁原味。传承者通过学习传统技艺，深入了解并吸收古代工艺的精髓，将其融入自己的技能体系中，实现对传统技艺的生动再现。

这种保留与传承并非仅仅停留在理论层面，其更是一种实际的实践过程。传承者通过亲身参与，感受古老技艺的独特之处，逐渐形成对传统工艺的深刻认识。这一过程中重视"原汁原味"，使古老的手艺得以完整地传承下来，这不仅是一种技能的交接，更是一场对文化传统的珍视。

　　传承者学习传统技艺，不仅是在练习一门手艺，更是在感悟历史、品味文化。古老的工艺和技法蕴含着丰富的文化内涵，通过保留与传承，使传承者能够感悟。这种真实的传承，既是对过去智慧的致敬，也是对传统文化的一种深沉的回应。在这样的过程中，传统技艺因其独有的美感和历史价值得以延续，为后人打开了一扇通往古老文化的门。这也是非遗文化传承的真谛，通过对传统技艺的珍爱与传承，让古老文化在当代焕发新的生命力。

二、与时俱进的创新

　　在高校中，非遗文化传承强调在保持传统的基础上，激励传承者进行与时俱进的创新。这并非仅是对传统的简单延续，更是一场富有创造力和现代意识的融合。融合现代设计、科技手段等元素，传承者将传统技艺注入新的时代语境，使之更好地适应当代社会的需求。

　　高校非遗传承为这种与时俱进的创新提供了理论支持和实际平台。学者们通过跨学科的研究，将传统技艺与现代科技、设计相结合，为传承者提供了更广阔的创新空间。这种创新并非是对传统的简单变革，而是在尊重传统的基础上，巧妙地融入当代社会的审美和需求。

　　在高校非遗传承中，鼓励学生不仅学习传统技艺的技术层面，还要具备创新思维的能力。通过开设创意设计、现代科技与非遗融合等课程，使学生有机会让传统技艺与当代创新进行对话。这不仅使传统技艺在当代焕发新的面貌，也为学生提供了在创新领域展示才华的机会。

　　这样的创新并非简单地注入现代元素，更是对传统技艺深入挖掘和发展的一种尝试。高校非遗传承旨在使学生在传统技艺的基础上展现个性和独创性，成为具有新时代中国特色的非遗传承者。这种与时俱进的创新不仅使传统技艺焕发出新的生机，也为非遗文化在当代社会中发挥更广泛的影响力创造了条件。

三、创新平台的建设

　　在高校非遗传承中，应积极倡导创新平台的建设，为传承者提供展示和交流的多元机会。创新平台的构建不仅是为了传统文化的展示，更是为了促进传承者与现代创新者之间的积极互动，从而推动传统文化与创新的融合。

　　创新平台的形式多种多样，包括开展传统的展览活动、文化交流活动，也涵盖了现代较流行的在线社群等。通过对传统文化进行展览，传承者得以在更广泛的社会中展示其独特的技艺和成果。同时也为现代创新者提供了了解传统文化、寻找创新灵感的机会，形成文化跨界的对话。

在线社群的建设则为传承者和创新者提供了实时的互动平台。通过在线社群，传承者可以分享他们的经验、技艺，与其他现代创新者进行交流，激发出更多的创新思维。同时，现代创新者也可以在这个平台上获取更深入、更多的非遗文化知识，找到传统文化与创新的结合点。

这样的创新平台建设不仅是对传统文化的一场展示，更是一场文化的碰撞和融合。通过积极参与这些平台中的互动，传承者和创新者能够相互启发，形成文化共创。这种互动不仅有助于传统文化的传承，也为创新者提供了源源不断的创作灵感，推动了传统与创新的和谐共存。在高校非遗传承中，创新平台的建设成为传统文化与当代社会互动的纽带，其促使非遗文化在更广泛的社会背景中焕发新的生命力。

四、培养创新意识

在高校非遗传承中，培养传承者的创新意识成为重要目标。这并非仅是技艺的传授，更是一场对创造力的激发和对传统与现代融合的理解。通过系统教育和培训，旨在激发传承者对创新的浓厚兴趣，使其具备将传统文化与现代元素相融合的独特能力。

高校非遗传承通过专业的教育体系，致力于培养传承者的创新意识。在课堂中，学生接受来自不同领域的知识，包括传统手艺、现代设计、科技应用等，从而拓宽了他们对文化传承的认知。这种跨学科的教学方法旨在唤起学生对创新的热情，并为他们打开融合传统与现代的思维方式。

教育和培训的目的不仅在于传递技术层面的知识，更在于引导传承者在传统文化的基础上进行创新实践。通过开设创意工作坊、设计竞赛等形式，激发学生的创造力，培养他们在传统技艺中发现新意、创新设计的能力。这种实践性的培训有助于将创新理念融入传承者的思维模式，使其更加灵活地应对当代社会的文化需求。

在培养创新意识的过程中，强调对传统文化的尊重和理解。传承者不仅是技艺的接受者，更是文化的传承者和创新者。通过对传统文化的深入挖掘，传承者能够在创新中保持对传统文化的忠诚，形成一种既创新又传统的文化精神。这种创新意识的培养不仅有助于传统文化的传承，也为当代社会注入了更多文化创新的活力。

五、文化产业的发展

在高校非遗传承中，强调鼓励传承者参与文化产业，将传统技艺转化为可持续发展的文化产品。这不仅仅是一种对传统文化的保护，更为传承者提供了经济支持的途径，同时推动着非遗文化在现代社会的广泛传播。

参与文化产业成为非遗传承者的一项新使命。通过将传统技艺与现代市场需求相结合，传承者得以创造出符合当代审美和功能需求的文化产品。这种转化不仅满足了现代社会对文化产品的多样化需求，更为传承者提供了实现经济独立的机会，使他们在文化传承的同时获得物质上的回报。

文化产品的开发不仅仅是传统技艺商品化，更是一种对非遗文化传统与现代相结合的创新。通过在产品中注入传统文化元素，传承者实现了对文化价值的传递，为非遗文化在市场上赢得了更多的关注。这种文化产品的推出既是对传统技艺的一种延续，也是对现代生活的一种回应，实现了文化传承与创新的完美结合。

文化产业的发展也为非遗文化在现代社会的传播提供了有效途径。通过文化产品的销售，传承者可以将非遗文化带入更广泛的社会群体，让更多人了解、喜爱和传承传统技艺。同时，文化产品的市场推广也为非遗文化注入了新的活力，使之在当代社会中焕发出更多的生命力。通过参与文化产业，非遗传承者既实现了自身的经济收益，又促进了非遗文化在现代社会中的可持续发展。

六、社区参与与传统生活方式

在高校非遗传承中，强调非遗传承与社区参与的密切关系。这不仅是一种对传统文化的保护，更是通过将传统技艺融入当地社区生活，保持非遗在现代社会中的实际应用，促使传统文化与当代生活方式相协调的重要途径。

社区参与成为非遗传承的一种重要模式。通过将传统技艺纳入社区生活，传承者得以在真实的社会环境中进行实践，保持了非遗在现代社会中的实际应用。这种社区参与不仅使传统文化融入当地生活，也为社区提供了一种独特的文化体验。

社区生活方式与非遗传承相互促进。传承者通过融入社区，可以更好地了解当地居民的需求和文化特色，使传统技艺能够更贴近现代的生活方式。同时，传统文化的融入也为社区增添了文化内涵，使社区生活更具有历史感和传统底蕴。

社区参与也是对非遗传承的一种社会认同。传承者将传统技艺呈现在社区居民面前，在社会中建立了更为密切的联系，使我国的传统文化不再是遥远的历史，而是真实存在于当代社会的一部分。这种社区认同不仅促进了非遗在社会中的传播，也加深了社区居民对传统文化的理解和热爱。

社区参与与传统生活方式的结合使非遗传承更具有实际意义。其不仅是在学院内传承技艺，更是将传统文化融入现实生活中，让非遗在当代社会焕发出新的生机。有了社区的参与，传承者能够更好地传递非遗的文化价值，实现传统文化与当代生活方式的和谐共存。

七、文创产业的创新

在高校非遗传承中，强调利用文创产业平台推动非遗文化的创新，不仅是对传统文化的保护，更是将非遗元素融入设计、创意产品等领域，打破传统的局限，使非遗文化更具吸引力和市场竞争力。

文创产业的创新成为非遗传承者的一项新使命。参与到文创产业的平台中，传承者能够将传统技艺注入设计、创意产品，使其形成更具现代感和时尚感的作品。这种创新不仅丰富了非遗文化的表达形式，也为传承者提供了更为广泛的市场发展机会。

非遗文化在文创产业平台上的融合使传统元素焕发新的生命力。将传统技艺巧妙融入设计过程中，使非遗文化在创意产品中展现出更多的可能性。这种融合打破了传统的艺术表达方式，使非遗文化更具吸引力，同时也更容易被年轻一代所接受。

文创产业平台的创新也为非遗文化的市场竞争力提供了强大支持。通过创造独特的设计和产品，非遗文化不仅在艺术领域上获得了更大的认可，同时也更容易吸引广泛的受众。这种市场竞争力的提升有助于传承者更好地将非遗文化推向市场，实现文化传承与现代生活的完美结合。

文创产业的创新不仅有助于非遗文化在当代社会中更好地传播，也为传承者提供了实现文化创新和市场发展的机会。非遗传承者将传统技艺转化为现代创意，使非遗文化在市场中焕发出新的活力。

八、保护传统材料与环保理念

在高校非遗传承中，强调在进行创新时注意保护传统的原材料和环境。这不仅是对传统文化的保护，更是倡导环保理念，通过可持续的方式获取原材料，确保创新不对传统资源和生态环境造成破坏的重要举措。

保护传统材料与环保理念的结合成为非遗传承者在创新过程中的基本准则。在追求技艺创新的同时，传承者需要深刻理解传统材料的珍贵性，并避免过度开采和使用。这种对传统材料的保护不仅有助于维护文化传承的纯正性，同时也是对自然资源的可持续管理。

环保理念在创新过程中扮演着重要角色。积极倡导环保思想，引导传承者在创新过程中采用可持续的方式获取原材料。例如，选择环保友好的替代材料，推崇回收再利用，减少浪费。通过这种方式，传承者在创新的同时积极履行社会责任，为可持续发展作出贡献。

可持续发展不仅是一种对传统材料和环境的保护，更是对传承者的技艺传承的延续。通过采用环保的创新方式，传承者为后代提供了更为丰富和绿色的文化遗产。这种环保理念的践行使非遗传承在当代社会中更具有社会责任感，形成一种对传统文化、自然资源和生态环境的共同保护。

第三节 地方文化对非遗的影响与融合

在高校非遗传承中，地方文化扮演着至关重要的角色，对非遗的影响与融合不可忽视。在高校中传承非遗，地方文化得以弘扬，同时也受到高校环境的熏陶，形成一种新的融合效应。高校作为非遗传承的平台，既是传统文化的守护者，也是传统与现代、地方与全球融合的有力推动者。在高校中传承非遗，地方文化得以在更广泛的社会背景下焕发出新的生命力，为文化的传承与发展贡献着重要的力量。

地方文化的关键作用不仅表现在传统技艺的传承上，更在于为非遗注入当地的精神风貌和文化特色。高校作为一个知识与文化的交汇地，为地方文化提供了更广阔的舞台，使非遗传承成为当代文化的一部分。地方文化通过与高校平台融合，不仅在学术研究中得以展示，也在学生群体中引发更广泛的兴趣和认同。

同时，高校的国际化特质为地方文化的传承提供了全球化机遇。通过与国际学术机构、学生的交流，地方文化得以在国际舞台上发声，实现了跨足全球的传播。这种跨东西文化的融合使地方文化更具包容性和开放性，同时也让更多国际学子对非遗产生浓厚兴趣，促进文化的多元共融。

高校非遗传承既是地方文化传统的守护者，更是推动地方文化与现代文化、全球文化深度融合的重要推手。通过这一过程，地方文化得以在高校的滋养下焕发新的文化活力，为非遗的传承与发展贡献独特而丰富的元素。

第二章
守正——高校非遗文化作品设计的传承与保护

在高校非遗文化作品设计中，守正成为关键理念，旨在传承和保护传统。设计师通过深入研究非遗文化，力求在作品中体现传统工艺和技艺，以及文化精髓。守正的设计理念强调对传统的尊重和继承，通过将传统元素巧妙融入当代设计中，实现非遗文化在作品中的保护，为传统技艺注入新的生命力。这种守正的设计方式既弘扬了传统文化，又在当代语境中焕发了新的艺术魅力，实现了非遗文化传承与创新的有机结合。

这种守正的设计理念在高校非遗文化作品设计中体现为对传统工艺、样式、图案等元素的保留和再现。设计师通过深刻理解非遗文化的根本特征，注重捕捉其中的经典元素，保持其原汁原味。同时，设计师对传统工艺技艺进行深入研究，以确保设计作品在形式和技法上忠于传统。

守正的设计方式强调对文化传承的责任感，设计师在创作过程中注重传统工艺的手工技艺，尊重传统的审美标准。通过这种方式，非遗文化得以在设计作品中完整地延续，保持了其独特的文化韵味。设计作品不仅是对传统文化的呼应，更是对非遗传承责任的实践。

高校非遗文化作品设计的守正传统保护，体现了对传统文化的深切热爱和珍视。通过这一理念，设计师在创作中不仅注入了对传统的尊重，更为传统文化注入了当代设计的新活力，实现了传统与现代的有机结合。这样的设计不仅传承了非遗文化等珍贵遗产，也在当代文化中发挥其独特而重要的作用。

第一节　传统工艺的再现与保护

高校非遗文化作品设计中传统工艺的再现与保护是一项关键任务。通过深入研究传统工艺、传承样式和图案、忠实再现技法、选择传统材料、强调手工传统，设计师在设计中守正传统，实现了对非遗文化的保护。此外，对文化背景的尊重、当代演绎、保护与创新的平衡、教育与传承等方面的考量也是非常重要的。这一全面性的保护策略不仅让传统工艺在设计中焕发新的生命力，也通过教育实现了对传统的传承，为非遗文化在当代设计中找到了合适的平衡点。

一、传统工艺的深入研究

在高校非遗文化作品设计中，传统工艺的深入研究是至关重要的。设计师需要对传统手工技艺进行深度挖掘，理解其中的独特工艺流程和技巧。这要求他们仔细研究传统工艺的每一个步骤，从原材料的选择到最终成品的制作，确保对整个过程有清晰而详细的了解。

对于材料的选择也是深入研究的一部分。设计师需要了解传统工艺所使用的特定材料，包括其来源、特性、处理方法等。这有助于确保设计作品能够保持传统工艺的纯正特质，同时在材料选择上展现出对传统的尊重和传承。

对工艺流程的详细了解是另一个关键点。设计师需深入了解传统工艺的每个步骤，从原型制作到最后的加工和装饰。这种深入研究有助于设计师更好地把握工艺的细节，保证设计作品不仅在外观上忠实于传统，在制作过程中也能体现出传统工艺的精湛。

二、样式与图案的传承

对于传统样式的传承，设计师需深刻理解传统工艺所特有的艺术风格，包括线条、图案结构、装饰元素等。通过深入研究传统样式的来源和演变，才能更好地捕捉其独特之处，确保在设计中真实保留原汁原味的传统样式。

注重图案的传承也是至关重要的。传统工艺中的图案通常承载着丰富的文化内涵，是文化符号的重要体现。在设计中，设计师需要理解这些图案所代表的含义，以便在作品中进行巧妙运用。同时，通过对图案结构的重新诠释和创新，实现传统与现代的有机结合。

在将样式和图案融入当代设计时，设计师需要在保持传统特色的基础上寻找和谐统一的路径。这意味着在传统样式和图案中注入现代元素，使其在当代审美语境中更具吸引力。通过巧妙的设计，实现传统与现代的良好平衡，使作品既能传承传统文化，又能适应当代社会的审美趋势。

总体而言，样式与图案的传承在高校非遗文化作品设计中具有重要地位。通过深入理解传统样式和图案的内涵，设计师能够创造出既具有传统韵味又符合现代审美的作品，为非遗文化的传承注入新的生命力。

三、技法的忠实再现

技法的忠实再现是高校非遗文化作品设计中至关重要的一环。传统工艺所包含的独特技法是非遗文化的灵魂，它们承载着丰富的历史和文化内涵。在作品设计的过程中，设计师需要全情投入，以确保对传统技法的忠实再现。

细致的雕刻是传统工艺中常见的技法之一。通过深入研究传统雕刻技法，设计师能够理解每一个细节背后的故事和技术手法。在设计中，需要精准而细致地再现传统雕刻的线条、纹理，以展现传统工艺的精湛之处。

织造技巧是许多传统工艺中的关键元素。通过了解传统织造的原理和特点，设计师可以精心设计织物的纹理、图案，使其呈现出传统工艺的独有魅力。这需要在设计中注重纺织材料的选择和织造工艺的模仿，以保证对传统织造技巧的真实还原。

染色方法是传统工艺中的另一个重要技法。传统染色技法往往使用天然染料，具有独特的色彩和渐变效果。在设计中，需要深入了解传统染色的方法，以确保色彩还原度和染色效果的精准呈现，使作品展现传统工艺的色彩魅力。

对这些传统技法的深入研究和忠实再现，设计师可以实现作品在外观和工艺上的传统保持，展现出传统工艺的精湛之美。这不仅是对非遗文化的真实传承，也是对传统手工艺术的致敬。

四、传统材料的选择

传统材料的选择在高校非遗文化作品设计中具有关键性地位。传统工艺往往与特定的材料密切相关，这些材料承载着传统工艺的独特魅力和文化内涵。在非遗文化作品设计中，设计师需深入了解并精准选择传统材料，以确保作品在质感和外观上忠于传统，实现工艺传承的重要环节。

第一，传统材料的选择需要建立在对其特性和来源深刻理解的基础上。设计师应对传统工艺所使用的材料进行详细研究，包括材料的原产地、加工方法、特有的物理性质等。通过对这些细节的了解，设计师能够更准确地呈现传统工艺所需的材料特性。

第二，选择传统材料需要考虑其在作品中的运用方式。传统工艺的独特之处往往体现在材料的处理和运用上，因此设计师在设计中需要巧妙地将传统材料融入作品，保持其原有的纹理、质感和色彩。这要求设计师深入了解材料处理技巧，以实现对传统工艺的忠实再现。

通过选择传统材料，非遗文化作品不仅能够在外观上保持传统的独特氛围，更能够通过材料本身传达出传统工艺的历史底蕴。这种对传统材料的传承选择，使作品具有更加深刻的文化内涵，同时为传统工艺的保护和传承贡献了重要力量。

五、制作过程中的手工技艺

制作过程中的手工技艺是非遗文化作品设计中的重要元素。传统工艺往往依赖于熟练的手工技艺，这种手工技艺是非遗文化的特色，承载着丰富的文化传承和历史积淀。在设计过程中，需要高度注重手工技艺的保持，鼓励并强调手工制作的过程，以体现非遗文化作品的精湛工艺和独特魅力。

手工技艺的保持需要对传统制作工艺进行深入挖掘和学习。设计师应当详细了解传统手工技艺、操作步骤、工具使用等方面的知识，以确保在设计中能够忠实地传承和保持手工传统的独特之处。

设计中要鼓励手工制作的过程，强调手工技艺的运用。这意味着在制作过程中尽量避免大规模机械化或自动化的生产方式，而更注重手工艺人的个体技能和手工操作。通过手工技艺的保持和传承，作品能够呈现出更为细腻和独特的制作痕迹，为非遗文化作品增添独特魅力。

六、文化背景的考量

文化背景的考量在高校非遗文化作品设计中显得至关重要。传统工艺往往深深植根于特定的文化背景，包括传统技艺的起源地、历史渊源、民俗传承等方面的丰富文化内涵。在设计过程中，设计师需要认真考虑并充分尊重相关文化背景，以确保作品不仅在技艺上忠实于传统，也在文化内涵上保持一致性。

设计师需要对传统工艺所属的文化进行深入的研究，包括了解传统工艺的起源地、所属民族、历史渊源等方面的信息。通过深入研究文化背景，设计师能够更好地理解传统工艺的独特之处，并在设计中巧妙地体现这些文化特色。

考虑并尊重相关文化背景需要在设计中避免对文化元素的随意使用。设计师在选择样式、图案、符号等文化元素时，需要确保这些元素能够正确地反映传统工艺所属的文化，避免歪曲或失真。这意味着设计师要在作品中注重文化元素的准确还原和合理运用，使作品真实地呈现出对传统文化的尊重。

在设计中考量文化背景，非遗文化作品不仅能够保持传统工艺的技艺特色，更能够在文化内涵上传递出对传统文化的尊重和珍视。这种综合考虑文化背景的设计方式，使得作品不再只是一种手工艺术品，更是对传统文化的生动表达和传承。

七、教育与传承

教育与传承在高校非遗文化作品设计中扮演着不可或缺的角色。注重传统工艺的教育与传承旨在通过高校平台将传统工艺融入课程体系，培养学生对传统技法的深刻理解和灵活应用，实现非遗文化的持续传承。

将传统工艺纳入课程体系需要建立完善的教育体系。高校应设计专门的非遗文化课程或项目，涵盖传统工艺的基本知识、技法传承以及实践操作等方面。通过系统的教育体系，学生能够系统学习传统工艺的核心内容，奠定深厚的理论基础。

培养学生对传统技法的理解和应用是教育的重要目标。课程设置应注重理论与实践相结合，通过实际操作使学生深入体验传统工艺的独特之处。设计师和传统工艺匠人的指导也是不可或缺的，通过他们的亲身示范和指导，学生能够更好地领会传统技法的要领。

高校非遗文化作品设计既为学生提供了学术研究的平台，又为传统工艺的传承培养了更多的接班人。这种注重教育与传承相结合的设计理念，使得高校非遗文化作品设计既具有实际的社会意义，也为传统工艺注入了新的生命力。

第二节　高校作品中的非遗文化符号运用

高校作品中的非遗文化符号运用是一个多层次的过程，涉及符号的选择与解读、创意融合与现代表达、文化符号的传达方式、符号的情感表达、教育意义的体现以及文化符号的可持续发展。通过深入挖掘传统文化的核心元素，富有创意地融入现代设计，采用多样化的传达方式，使作品既能引发观众的情感共鸣，又能传递对非遗文化的深刻理解。同时，强调作品中符号的教育意义和对可持续发展的关注，为非遗文化在当代社会中的传承和发展贡献积极力量。

一、符号的选择与解读

在符号的选择与解读过程中，关键在于挑选非遗文化中富有代表性的符号，这可能包括传统手工艺品、民间故事以及传统建筑等丰富多样的文化元素。选择这些符号的目的在于传达非遗文化的丰富内涵和独特魅力。

在选择符号时，需要深入挖掘丰富的非遗文化资源，从中选取那些最具代表性和标志性的符号。这可能涉及不同地域、民族或历史时期的非遗元素，以确保呈现出多样性和全面性。

对选定的符号进行深入解读至关重要，包括对符号背后的文化内涵、象征意义以及历史渊源的详尽理解。只有通过深入解读，设计者才能准确把握符号所蕴含的情感、价值观和传统知识，从而在作品中表达出非遗的核心元素。

在解读过程中，考虑符号的历史背景对于理解其演变和文化演绎至关重要。这样的深入挖掘和解读过程不仅有助于保持符号的原汁原味，同时也使其能够更好地融入现代设计中，实现传统与现代的巧妙结合。

符号的选择与解读是非遗文化传承的第一步，是确保设计作品能够准确传达传统文化内涵的关键环节。通过细致入微的挑选和深入的解读，设计者能够为观众呈现出一个充满文化深度和独特性的非遗文化作品。

二、创意融合与现代表达

在运用非遗符号时，强调创意融合与现代表达是确保作品具有时代感和吸引力的关键。这涉及将传统元素与现代设计巧妙结合，以实现对传统符号的创新性诠释。

创意融合要求设计者有能力挖掘非遗符号中的潜在创意，以发现其中蕴含的多样性和灵活性。这可能包括重新演绎传统图案、结合不同符号元素创造新的设计语言，或者运用先进的制作技术赋予传统符号新的表达方式。

创意融合的目标是使传统符号更贴近当代审美和文化需求。这意味着在设计中要考虑到现代人群的审美取向和文化认同，以确保作品在当代社会中具有吸引力和感染力。

创意融合还可以通过与其他艺术形式、科技手段的结合实现。例如，将传统符号融入现代数字艺术、虚拟现实技术中，或者运用创新的材料和工艺手段，这些都是实现创意融合的途径。

创意融合与现代表达是在非遗文化作品设计中追求创新和独特性的关键步骤。通过将传统符号与现代元素相结合，设计者能够创造出更具时代感和观赏性的作品，促使非遗文化在当代社会中焕发新的生命力。

三、文化符号的传达方式

文化符号的传达方式至关重要，需要运用多种媒介和形式，以确保非遗文化符号能够在多个维度得到生动呈现。

传统的艺术形式如绘画和雕塑可以成为传达非遗文化符号的有力媒介。通过绘画，设计者能够在画布上表达出传统符号的美感和内涵，强调色彩、线条等元素，使观众更直观地感受到非遗文化的独特之处。雕塑则为三维空间中的符号呈现提供了可能，使得观众可以从多个角度感知非遗文化的形态。

影像艺术是传达非遗文化符号的重要手段之一。通过摄影、电影等形式，设计者可以捕捉符号在不同场景中的表现，创造出生动而具有故事性的视觉效果。这有助于观众更全面地理解符号所代表的文化传统。

在现代科技的支持下，虚拟现实技术和数字艺术成了符号传达的创新途径。通过虚拟现实技术，观众可以沉浸式地体验非遗文化符号，感受到一种全新的文化互动。数字艺术则为设计者提供了更灵活的创作空间，可以通过动态效果、互动设计等方式增强符号的传达效果。

文化符号的传达方式应当充分利用多种艺术形式和科技手段，以达到在不同层面和维度上传递非遗文化的目的。这种多样性的传达方式能够更全面、更深入地呈现非遗文化符号的魅力和内涵。

四、符号的情感表达

在非遗文化作品设计中，符号的情感表达是关键要素之一，旨在通过细腻而深刻的表达方式激发观众对非遗文化的情感共鸣和认同。

设计者需注重符号所代表的文化内涵中蕴含的情感元素。这可能涉及传统故事中的情感体验、特定符号所承载的历史记忆和文化情感等方面。通过深入挖掘符号的情感寓意，设计者能够更准确地传达出非遗文化的情感核心。

符号的情感表达方式应细腻而巧妙，通过艺术手法使符号更具感染力。这可以包括运用色彩、构图、线条等艺术元素，以呈现符号的情感层次。例如，通过柔和的色调表达温暖与宁静，或者通过线条的流动感表达动感与活力，从而引起观众的情感共鸣。

情感表达还可以通过作品整体的情境设置来实现，创造出一种能够引发观众情感共鸣的氛围。这可能涉及作品的陈设、展示环境的设计等方面，通过环境的情感渲染，强化观众与非遗文化符号的情感联系。

符号的情感表达是确保非遗文化作品在观众心中引起共鸣的关键。通过深刻挖掘符号所蕴含的情感元素，并巧妙运用艺术手法和情境设计，设计者能够创造出更具情感深度和吸引力的非遗文化作品。这种情感表达将使观众更加贴近、理解并热爱非遗文化。

五、教育意义的体现

在非遗文化作品设计中，将非遗文化符号融入教育设计具有重要的教育意义。这一做法旨在通过艺术作品传递文化知识，培养观众对传统文化的理解和热爱，同时强调作品中非遗符号的深刻教育意义，提升观众对非遗的认知。

将非遗文化符号融入教育设计中，艺术作品可以向观众传递丰富的文化信息。设计者可以选择具有代表性的非遗符号，以图形、图案等形式展现其文化内涵。观赏作品，观众可以直观地感受到非遗文化的独特之处，从而激发对传统文化的兴趣。

教育设计突出非遗符号的教育意义，深入挖掘符号所蕴含的历史、艺术、价值观等方面的知识。这可以通过作品的展示、相关文化解读等方式实现，使观众在欣赏的同时获取更为深刻的文化教育。

强调非遗符号的教育意义也有助于提升观众对非物质文化遗产的认知。设计者可以通过作品呈现非遗文化的传承历程、重要意义等方面的信息，引导观众深入了解非遗的价值和保护需求。

将非遗文化符号融入教育设计，突出其教育意义，是一种有效的文化传播和传承手段。通过艺术作品的展示，观众得以在愉悦的氛围中获取丰富的文化知识，从而促进非遗的传承和保护。这种教育意义的体现将使观众更深入地理解和珍视非遗文化。

六、文化符号的可持续发展

作品中体现非遗文化符号的可持续发展是对传统文化保护与传承的一种重要表达。强调符号的运用，作品不再只是对传统文化的致敬，更是在呼吁社会重视非遗文化，促使其在现代社会中蓬勃发展。

艺术作品可以呈现非遗文化符号的可持续发展，设计者选择具有代表性的符号，并通过创新的手法将其融入作品中。这种创新并非是对传统的破坏，而是在传承的基础上赋予符号新的时代内涵，使其更好地适应当代社会的需求。

作品可以通过符号的运用传达对传统文化保护与传承的呼吁。细致而深刻的表达方式使作品能够引发观众对传统文化的关注，并唤起社会对非遗文化可持续发展的共鸣。这种呼吁将有助于凝聚社会力量，共同参与非遗文化的传承与发展中。

作品的展示可以激发观众对非遗文化的热情，使其在现代社会中得到更广泛的传播。这种传播方式有助于打破传统文化的壁垒，使更多人了解、认同和参与到非遗文化的可持续发展中。

在作品中体现非遗文化符号的可持续发展，设计者既展示了对传统文化的尊重，又引领了传承与发展的方向。这种符号运用的方式不仅激发了观众对传统文化的热爱，更在社会层面促进非遗文化在现代社会中实现可持续发展。

第四章

创新——高校非遗文化作品设计的当代实践

高校非遗文化作品设计的创新实践是对传统文化的当代诠释与发展。通过运用创新的思维和现代设计手法，设计者在作品中巧妙融合传统非遗元素，使其更符合当代审美和文化需求。这种创新实践不仅展现了对传统文化的尊重，同时为非遗文化注入了新的活力，促进了其在当代社会的传承与发展。通过高校平台，学生参与其中，既传承了传统文化，又为未来的非遗传承注入了新的思想与创造力。这种创新实践不仅在设计领域有所体现，更在社会中推动了非遗文化的现代转型，为文化传承开创了新的可能性。

第一节　当代设计趋势与非遗的结合

论述当代设计趋势与非遗的结合，结合高校非遗传承的特点，涵盖了国际交流与文化传播、数字化技术与传统工艺的融合、社会参与与非遗传承项目、学术研究与创新、文化融合与创新设计、非遗传承与设计教育的结合、市场潜力与品牌建设、可持续发展与生态保护等多个分点。这些方面构成了一个全面而深入的论述框架，强调了当代设计是如何通过融合非遗元素实现文化传承与创新的，并突出了高校在非遗传承中的独特贡献。

一、国际交流与文化传播

（一）非遗元素在设计中的国际化应用

当代设计的国际化趋势促使设计师在作品中引入非遗元素，以丰富设计的文化内涵。非遗元素的国际化应用体现了文化的多元性，为设计提供了独特的视觉语言和情感体验。通过对非遗元素进行重新演绎和创新，设计师能够在国际舞台上展现其独特的文化魅力。

（二）通过设计作品促进文化交流

设计作品作为文化的载体，能够促进不同文化之间的交流与理解。引入非遗元素的设计作品具有引人入胜的故事性，激发观众对不同文化背后故事的兴趣。通过设计创作，促使人们跨越文化差异，建立更加紧密的跨文化联系。

（三）国际合作案例的引用

引用国际设计师与非遗传承者的合作案例，说明设计与非遗的成功融合，分析这些合作是如何促进文化传播的，为传统手工艺在国际设计领域的认可提供实际支持。引用成功案例能够强调设计在非遗传承国际化过程中所发挥的关键作用。

（四）分析国际市场对结合非遗元素设计的接受程度

探讨国际市场上结合非遗元素设计的趋势，是否存在对传统文化的认可和追捧。分析消费者对非遗设计作品的接受程度，以了解国际市场的需求动态。通过市场反馈数据和案例分析，突出设计在国际市场中的影响力和前景。

（五）突出设计在推动国际文化交流中的影响力

论述设计作为文化传播的媒介，在推动国际文化交流中扮演的独特角色。强调设计师在跨文化传播中的责任，通过作品传递积极的文化价值观。结合具体实例，展示设计如何成为促进国际文化理解的桥梁。

二、数字化技术与传统工艺的融合

（一）数字化技术在当代设计中的崛起

讨论数字化技术在设计领域的广泛应用，包括虚拟现实（VR）、3D打印、计算机辅助设计（CAD）等。强调数字化技术对设计创新和生产过程的影响，提高设计效率和精度。

（二）传统非遗工艺与数字化技术的结合

探讨如何将数字化技术与传统非遗工艺相结合，实现传统与现代的有机融合。引入非遗工艺的独特性，分析数字化技术如何为传统工艺注入新的生命力。

（三）数字化工具为设计师提供新的创作手段

详细介绍数字化工具如何拓展设计师的创作空间，提供更灵活、更高效的创作手段。以案例说明数字化工具如何为设计师提供更直观、实用的设计体验，使创作过程更加创新和具有前瞻性。

（四）非遗元素与现代设计的融合

讨论非遗元素如何通过数字化技术更容易与现代设计融为一体，实现传统文化与现代审美的有机统一。分析数字化技术如何为设计师提供更多的表现形式，使非遗元素在设计中更具创意和包容性。

（五）引用实例说明数字化技术促进非遗工艺的数字化传承

通过引用实际案例，展示数字化技术如何成功促进非遗工艺的数字化传承。分析这些案例中数字化技术对非遗工艺的保护、记录和传播的作用，强调其在传统手工艺可持续性发展中的关键性。

（六）提高传统手工艺的可持续性

讨论数字化技术如何提高传统手工艺的可持续性，使其更适应现代市场需求。强调数字化技术在生产过程中的效率，减少资源浪费，推动传统手工艺向可持续的方向发展。

（七）扩展内容

探讨数字化技术在非遗工艺设计中的未来发展趋势，如人工智能（AI）在设计中的应用，以及数字化技术如何更好地与物联网（IoT）等新兴技术相融合。分析数字化技术对设计师的职业发展和教育培训的影响，强调培养数字化时代设计人才的重要性。

通过详细论述以上内容，可以全面展现数字化技术与传统非遗工艺的融合，以及数字化技术在推动非遗工艺可持续性发展中的关键作用。

三、社会参与与非遗传承项目

（一）强调社会参与的重要性

论述社会参与对非遗传承的重要性，强调社会是非遗传承的有力支持者。提出社会参与是实现非遗传承可持续发展的必然选择，需要设计的积极参与。

（二）讨论设计如何通过社会活动和项目促进非遗传承

分析设计在组织和发起社会活动中的作用，如展览、工艺体验活动等，以提升公众对非遗传承的关注和理解。引入具体项目案例，说明设计是如何通过社会活动激发社会参与的，提高非遗传承在社会中的认可度。

（三）分析高校与社区的合作项目

讨论高校与社区合作项目在非遗传承中的作用，强调高校在社会中发挥的桥梁和引领作用。分析合作项目的特点，如学生参与非遗传承的实践性项目，提供实际经验和专业支持。

（四）说明设计师在社会中的参与程度

引入调查数据或案例，说明设计师实际参与社会活动和项目的程度，展示设计在社会中的积极角色。论述设计师如何在社交媒体等平台上推动对非遗传承的讨论，提高社会对传统文化的关注度。

（五）推动非遗传承与社区互动

讨论设计如何促进非遗传承与社区的积极互动，建立紧密的合作关系。引入案例说明设计如何通过社区项目提升非遗传承的可见度，使传统文化融入社区生活。

（六）设计师在社会参与中的角色

提出设计师在社会参与中扮演多重角色，如倡导者、组织者、传播者等。讨论设计师如何通过自身专业技能和社交影响力，推动非遗传承在社会中取得更大的成就。

四、学术研究与创新

（一）学术界对传统文化保护的贡献

高校的学术界通过深入的研究和学术活动，为传统文化的保护提供了重要的理论支持和实践经验。学者们通过对非遗项目的深入研究，挖掘、记录和解释传统文化的内涵，为后人提供了宝贵的文化遗产。他们的研究成果不仅加深了人们对传统文化的理解，还为非遗的传承奠定了坚实的学术基础。

（二）设计研究推动非遗元素创新应用

学术界的设计研究在非遗传承中发挥着积极的推动作用。通过将设计与非遗元素相结合，设计研究不仅可以创新性地应用传统文化元素，还能够为传统文化注入时代意义。这种创新应用不仅促进了非遗的传承，也使传统文化更好地融入现代社会，实现了文化的更新与发展。

（三）学术界在非遗传承研究中的成果

学术界通过深入研究，产生了大量关于非遗传承的成果。这些成果包括对非遗项目的历史、内涵、演变以及传承方式的详细解析，为非遗传承提供了理论支持和实践指导，也为设计师提供了宝贵的素材和灵感，帮助他们更好地将非遗元素融入创作中。

（四）为设计师提供理论支持和创作灵感

学术界的研究成果不仅仅停留在学术领域，还为设计师提供了理论支持和创作灵感。通过深入了解非遗的历史渊源和文化内涵，设计师可以更有针对性地进行创作，创造出既富有传统文化底蕴又符合现代审美的作品。

高校在非遗传承中的学术研究是多方面的，涵盖了对传统文化的深入挖掘、对设计与非遗元素融合的推动、对传承方式的理论探讨以及为设计师提供理论支持和创作灵感等多个层面。这些努力共同构建了一个有益于非遗传承的学术环境，为传统文化在当代社会中的传承与创新提供了强有力的支持。

五、文化融合与创新设计

在当代社会，设计领域正经历着快速的发展和创新，随着科技的进步和全球化的推动，文化融合成为设计的重要趋势之一。本部分将强调文化融合的重要性，特别关注非遗作为传统文化的重要组成部分在当代设计中扮演的独特角色，为设计带来独特而丰富的灵感。

设计领域的快速发展与创新在当代社会得到了广泛的关注，全球化的影响使得各种文化元素相互渗透，文化融合成为设计的必然趋势。这种融合不仅丰富了设计的表达形式，还促使设计的跨文化对话。在这个多元化的设计环境中，非遗作为传统文化的一部分，具有独特而珍贵的文化内涵，其融合可以为设计注入深厚的历史底蕴和独特的审美观念。

非遗作为传统文化的一部分，可以为设计师提供独特的灵感，其深厚的历史传承和丰富的文化符号成为设计师创作的宝贵素材。通过将非遗元素巧妙融入设计中，设计作品不仅能够传承传统文化的精髓，还能够赋予作品新的时代内涵。这样的文化融合不仅让设计更具深度，也促进了非遗的传承与发展。

通过案例或实例展示当代设计如何融入非遗元素，创造出富有传统文化底蕴的现代作品。举例来说，一些设计师在时尚领域巧妙地融入传统非遗的纹样和手工艺，打破了传统与现代的边界，创造出既具有浓厚传统文化氛围又符合时尚潮流的服装。此外，建筑设计中也可以看到非遗元素的巧妙运用，通过传统手工艺技术打造建筑的装饰细节，使建筑更具文化底蕴和历史感。

这些案例充分展示了文化融合对设计的启发和丰富，通过巧妙地融入非遗元素，设计师创造出富有传统文化底蕴的现代作品，既汲取了传统文化的精髓，又为其注入了新的生命力。这一过程不仅促进了非遗的传承，也推动了当代设计的创新与发展。

六、非遗传承与设计教育的结合

非遗传承与设计教育的结合是高校文化教育领域的一项重要任务。高校作为学术研究和人才培养的重要机构，具有传承非遗的独特优势和责任。以下是对高校非遗传承的特点以及在设计教育中发挥作用的论述。

高校在非遗传承中的特点主要体现在其丰富的学术资源和多样化的研究团队。学者们通过深入研究非遗项目，挖掘文化内涵，为传承提供理论支持。同时，高校具备培养设计专业人才的功能，使非遗传承更加有力地融入学科体系中。

高校在非遗传承中扮演着积极的角色和责任。除了学术研究外，高校还肩负着培养学生对传统文化的理解和创新的任务。通过将非遗元素融入设计教育课程，高校能够培养学生对传统文化的敏感性，使其在未来的设计实践中更好地继承和创新。

设计教育可以通过多种途径将非遗元素融入课程。例如，引入非遗项目的案例分析，组织学生参与非遗元素的设计实践项目，以及邀请传统工艺匠人进行专题讲座等。这些方法能使学生在实践中深入了解非遗，提升对传统文化的认知和创新能力，并将其融入自己的设计作品中。

成功的高校非遗传承项目通常涉及与传统工艺匠人的深度合作。通过与传统工艺匠人共同开展研究、实践项目或开设工作坊，使学生能够亲身体验传统技艺，理解非遗的真谛。此外，高校还可以通过组织展览、论坛等活动，向社会传播非遗成果，推动传统文化的传承和创新。

高校在非遗传承和设计教育的结合中发挥着独特的作用。通过深入学术研究、融入设计教育课程以及与传统工艺匠人的合作，高校为非遗传承注入新的活力，培养了一代又一代对传统文化有深刻理解和创新能力的设计专业人才。这样的努力不仅促进了非遗的传承，也为设计领域的可持续发展作出了积极贡献。

七、市场潜力与品牌建设

市场潜力与品牌建设在结合非遗元素的设计中展现出巨大的机遇。随着消费者对传统文化关注的增加，设计带有非遗元素的产品逐渐成为市场上备受欢迎的趋势。以下是对这一趋势的分析和探讨。

非遗元素的设计在市场上具有巨大的潜力。消费者越来越趋向追求个性化和独特性，而非遗元素的融入为产品注入了历史文化底蕴，吸引了更多关注传统文化的消费者。根据相关市场调查数据显示，越来越多的人对具有非遗元素的产品表现出浓厚的兴趣，这为品牌创造了更广阔的市场空间。

消费者对非遗元素设计的兴趣与日俱增，这一趋势反映在购买决策上。设计师通过将传统手工艺、图案等元素融入产品中，创造出具有文化特色的设计，以期吸引消费者的目光。这种趋势体现了人们对独特、有故事性的产品的追求，为结合非遗元素的设计提供了广阔的市场受众。

通过非遗元素的巧妙运用，设计作品能够建立品牌的独特性。品牌独特性不仅体现在设计的外观上，更表现在产品背后的文化内涵和传承故事上。这种独特性使品牌在市场上脱颖而出，吸引更多消费者的关注。品牌可以通过强化非遗元素的表达、与传统工艺匠人的合作等方式，打造独具特色的品牌形象。

据市场调查数据显示，消费者对结合非遗元素的设计产品的认知度和好感度在不断上升。这类设计产品在市场中的销售额逐年增长，用户评价也普遍较高。这为品牌建设提供了有力的支持，证明了非遗元素设计在市场上的受欢迎程度。

在当前竞争激烈的市场环境下，结合非遗元素的设计不仅能够满足消费者对独特性和文化底蕴的需求，还能够为品牌建设带来显著的优势。通过深入挖掘传统文化的价值，设计师可以创造出引人注目、深具故事性的产品，提高品牌的市场竞争力，赢得更广泛的市场份额。

八、可持续发展与生态保护

可持续发展与生态保护在非遗传承中具有深刻的关联，强调传统文化的保护对于实现可持续发展目标的重要性。设计作为生产过程中的关键环节，有着推动环保理念的责任和机会。以下是对非遗传承与可持续发展关系的论述以及设计在生产过程中倡导环保理念的探讨。

非遗传承与可持续发展密切相关，因为传承传统文化有助于维护生态平衡和社会和谐。非遗项目的保护意味着对资源的节约利用，通过传承手工艺和传统技艺，减少了对自然资源的过度开发。传统文化的保护也与社区的可持续发展相辅相成，促进了地方经济和文化的共同繁荣。

在设计生产过程中，倡导环保理念成为日益重要的任务。设计师可以选择使用可再生和环保材料，降低生产过程对环境的负面影响。减少废弃物的产生、采用循环利用的设计理念，以及推崇绿色供应链管理等方式，都是设计领域在倡导环保理念方面的具体实践。

通过结合非遗元素的设计，可以进一步推动生态保护和可持续发展。例如，设计中采用传统手工艺和可再生材料，不仅能够传承传统文化，还有助于减少对环境的负面影响。一些成功的案例表明，通过结合非遗元素的产品更容易获得消费者的认可，形成可持续发展的消费模式。

举例来说，某品牌推出了以传统织锦工艺为灵感的采用可持续发展的纤维材料的系列产品。这一设计不仅保留了传统文化的独特性，还在生产过程中考虑了对环境的影响。该产品系列在市场上获得了良好的口碑，显示了结合非遗元素的设计如何成功地推动了生态保护和可持续发展。

通过设计的创新和环保实践，结合非遗元素的产品不仅能够传承传统文化，还为可持续发展和生态保护注入了新的动力。这种综合性的努力有助于建立更具有社会责任感的品牌形象，引导消费者向更加环保、可持续的生活方式转变。在推动非遗传承的同时，设计产业也能为实现全球可持续发展目标做出积极的贡献。

第二节　跨界合作与非遗文化传播

跨界合作为非遗文化传播注入了新的动力，促进了传统文化在多个层面的传承和发展。这种合作不仅是实现传统文化在当代社会中融合创新的途径，也是实现文化可持续发展的关键策略。通过不同领域的合作，非遗文化得以在全球范围内得到更广泛的认知和传播，为文化多样性的保护和传承做出了积极的贡献。

一、跨界合作的必要性

跨界合作对于高校非遗传承具有重要意义。高校非遗传承不仅仅是一项文化遗产的传承工作，更是一个融合了多个学科领域的复杂过程。通过与艺术、科技、商业等领域展开合作，高校非遗传承能够实现更全面、更深入的传播，并吸引更广泛的关注和参与。

艺术领域的合作可以通过举办展览、演出等形式，将非遗文化融入艺术创作中，使之更具观赏性和吸引力。科技领域的合作则可以通过数字化技术，将非遗元素呈现在虚拟平台上，以提升传播效果并拓展受众群体。与商业领域的合作有助于开发非遗文化的商业价值，促使其在市场中更好地传播和推广。

高校非遗传承的特点在于其教育和研究的双重属性。跨界合作不仅可以促进非遗文化的传承，还可以为高校提供丰富的教育资源和研究素材。通过将非遗文化与多个领域相结合，高校能够为学生提供更广泛的学科知识，培养跨专业人才的综合素养，推动非遗传承工作向更深层次发展。

跨界合作不仅是非遗文化传播的关键手段，也是高校非遗传承的必然选择。这种合作模式将为非遗文化注入新的活力，使其在当代社会中焕发出更为丰富的文化魅力。

二、文化与科技的融合

在跨界合作中，文化与科技的融合为非遗文化传播开辟了崭新的路径。通过借助虚拟现实、增强现实等先进技术手段，非遗文化得以以更为生动、直观的方式呈现给观众，为传统文化注入了全新的活力。举例而言，通过创建虚拟博物馆或在线展览，非遗项目能够跨越地域限制，实现全球范围内的传播，从而激发观众对传统文化的浓厚兴趣。

虚拟现实技术的运用使观众仿佛置身于非遗文化的源头，能够亲身感受传统工艺、演艺等方面的独特之处；增强现实技术则能够将非遗元素巧妙地融入现实场景，使人们在日常生活中更加自然地接触和体验非遗文化的魅力。这种融合为非遗文化打破了时空的限制，使其更具互动性和参与感，吸引更广泛的受众群体。

文化与科技的融合不仅为非遗文化传播提供了新的可能性，也推动了传统文化与现代技术的有机结合。这种前沿合作为非遗文化的全球传播提供了强大的工具，促使传统与现代在共同发展中实现了更为深刻融合，为文化传承注入了新的动力。

三、商业与非遗的合作

商业领域的跨界合作为非遗文化传播提供了可持续而有力的支持。品牌与非遗项目的紧密合作不仅赋予了传统工艺更为广泛的市场，通过商品的销售还推动了非遗文化的传承。这种合作模式在促进经济发展的同时，也为非遗传承项目的可持续发展提供了重要的资金支持。

商业与非遗的协同合作，通过将传统工艺融入现代商品中，不仅使非遗项目更具市场竞争力，也扩大了传统文化的影响范围。品牌的推广和市场力量有助于将非遗文化带入更多人的生活，激发其对传统技艺的兴趣与认知。这种合作方式促使非遗文化逐渐融入当代社会，实现了传统与现代的巧妙结合。

值得强调的是，商业与非遗的合作模式不仅是单向的利益交换，更是一种双赢的合作关系。商业品牌通过与非遗项目的合作，不仅获得了独特的文化元素，也在社会责任和文化传承方面扮演了积极的角色。同时，非遗传承项目通过商业合作获得了更多的曝光机会和经济支持，为传统文化的传承注入了新的活力。

因此，商业与非遗的合作关系不仅为传统工艺找到了更广泛的市场，也为非遗文化的传承提供了可持续的支持和推动。这种合作模式的成功实践为文化与商业之间的协同发展树立了典范，使传统价值在商业领域中焕发新的生机。

四、跨界合作的成功案例

跨界合作的成功案例确实为非遗文化传播提供了有力的范例。多位知名艺术家与传统工艺匠人的合作，创造出融合现代艺术元素的非遗作品，通过艺术展览或商业合作成功将传统文化传递给更广泛的观众。以下是一些具体实例。

（一）艾未未（Ai Weiwei）与传统陶艺匠人的合作

著名艺术家Ai Weiwei曾与中国传统陶艺匠人展开合作，共同创作出结合当代艺术表现形式和传统陶艺技艺的艺术品。这些作品在全球范围内展出，既吸引了当代艺术爱好者的关注，也为传统陶艺注入了新的创意和生命力。

（二）路易威登（Louis Vuitton）与传统刺绣工匠的合作

时尚品牌Louis Vuitton曾与中国传统刺绣工匠展开合作，将传统刺绣技艺融入高级定制的产品中。这种跨界合作不仅为品牌注入了独特的文化元素，也让传统刺绣在国际时尚舞台上崭露头角，实现了传统手工艺与时尚产业的成功结合。

（三）国际博物馆与当地非遗传承项目的合作

一些国际博物馆与地方非遗传承项目展开合作，通过策展展览、举办讲座等方式，将非遗文化呈现给国际观众。这样的合作案例使传统文化在全球范围内得以传播，促进了不同文化之间的交流与理解。

这些成功案例不仅在艺术领域取得了显著的成就，也为跨界合作在非遗文化传播中的有效性提供了有力的支持。这种融合创新的合作模式为传统文化在当代社会中的传承与发展开辟了新的道路，激发了更多合作的热情，为非遗文化的传播拓展了丰富多彩的可能性。

五、社区与非遗的协同合作

社区与非遗的协同合作是非常有益的，能够促使非遗文化在本地社区得到深度传播。通过各种形式的合作，如社区活动、工作坊、庙会等，社区与非遗传承项目能够共同努力，实现以下几个方面的合作。

（一）社区文化节与非遗展览

在社区组织文化节时，可以与非遗传承项目合作举办非遗展览。通过展览展示传统工艺、技艺和文化，使居民更深入地了解和体验非遗项目。这样的合作不仅为社区增添了文化氛围，也为非遗传承项目提供了展示的平台。

（二）社区工作坊与手工艺传承

开展社区工作坊，邀请非遗传承者传授传统手工艺技艺，使居民亲身参与其中，学习和体验非遗文化。这种亲近的合作方式有助于传承者将技艺传承给下一代，并促使社区居民更加珍视和支持本地的非遗传承工作。

（三）庙会文艺表演与非遗传统演艺

在传统庙会等社区活动中，邀请非遗传承者进行传统演艺表演，如传统戏曲、舞蹈等。这样的合作不仅为社区居民带来文化娱乐，也使非遗文化在日常生活中得到更广泛的传播。

（四）社区合作社与非遗产品推广

社区合作社可以与非遗传承项目合作，推广传统手工艺品。通过在社区合作社的渠道销售非遗产品，实现非遗文化的商业化，同时也增强了社区居民对非遗项目的关注和认同。

这些实例表明，社区与非遗的协同合作可以以多种形式呈现，通过各类社区活动和合作项目，非遗文化得以融入社区生活，实现深度传播。这种合作不仅丰富了社区文化，也为非遗传承项目提供了更具参与性和亲和力的传播途径。

跨界合作在非遗文化传播中具有重要作用，涉及艺术、科技、商业和社区等多个领域。文化与科技的融合通过虚拟现实、增强现实等技术手段，使非遗文化以生动、直观的方式呈现。商业与非遗的合作为传统工艺找到更广泛的市场，为非遗传承提供可持续支持。成功的跨界合作案例，如知名艺术家与传统工艺匠人的合作，为非遗文化传播树立了典范。社区与非遗的协同合作通过文化节、工作坊、庙会等形式，使非遗文化在本地社区进行深度传播，增进社区居民与非遗的亲近度。

这些合作模式不仅促进了非遗文化的传承，还为传统文化注入了新的活力，使之在当代社会中得以焕发新的生机。跨界合作为非遗文化提供了多样化的传播途径，拓展了传统文化的影响范围，使其更好地适应现代社会的多元需求。

第三节　高校与非遗保护机构的合作

非遗保护机构是指专门负责保护、传承和管理非物质文化遗产的机构。非遗是指人类口头传统、表演艺术、社会实践、仪式、知识与实践、手工艺技能等方面的传统文化元素。为了维护和传承这些文化遗产，各国都设立了专门的非遗保护机构。

这些机构的职责通常包括：保护与登记，负责鉴定、登记和保护非遗项目，确保其得到合适的法律保障和管理；传承与培训，开展非遗传承工作，组织培训、研究与推广活动，确保传统技艺能够代代相传；研究与记录，进行非遗项目的研究和记录，收集相关资料，以支持文化的学术研究；国际合作，参与国际非遗保护组织的合作，促进国际非遗的交流与合作。

这些机构的设立旨在维护和促进非遗文化的传承，确保这些文化元素在当今社会得到妥善保护和发展。在不同国家，这些机构可能有不同的名称和组织形式，但它们共同致力于保护并传承非遗文化。

高校与非遗保护机构的合作对于非遗文化的传承和发展具有重要意义。以下是关于这一合作的几点论述。

一、学科交叉与综合教育

学科交叉与综合教育的结合在高校与非遗保护机构的合作中具有重要意义。首先，通过高校与非遗保护机构的紧密合作，可以促使学科交叉的发生。这种合作有助于将非遗传承工作融入多个学科领域，包括艺术、人类学和文化研究等。艺术方面的合作可以使非遗技艺在艺术创作中得到更好的应用和传承，人类学的视角能够深入挖掘非遗背后的文化内涵，而文化研究有助于理解非物质文化遗产在社会中的角色和影响。

这种合作也为高校提供了引入非遗元素的机会，从而实现综合教育的目的。通过将非遗传承工作纳入课程设置，高校能够为学生提供更为全面和多元的学习体验。学生不仅能够在专业领域深耕细作，同时也能够接触到其他学科领域的知识，培养跨学科的综合素养。这有助于打破传统学科间的界限，促使学生更好地理解和应用不同学科间的知识，培养出更具综合能力的专业人才。

高校与非遗保护机构的合作既促进了学科交叉，又为综合教育提供了有力支持。这种合作模式有助于实现非遗传承工作的全面发展，同时为学生提供更为丰富和多元的学习体验，培养出更具综合素养的人才。

二、学术研究与保护实践

高校与非遗保护机构的合作不仅可以推动对非遗项目进行深入的学术研究，还能促进实际的保护实践，形成理论与实践的有机结合。

通过学术研究的合作，高校可以为非遗的理论研究提供强有力的支持。学者可以深入挖掘非遗项目的历史渊源、传承技艺和文化背景，从而为非遗的理论框架和研究体系提供更为丰富的内容。这种深入的学术研究不仅有助于更好地理解非遗的内涵和价值，也为非遗的传承和保护提供了更为深刻的理论指导。

合作也能够使高校学者和学生直接融入非遗保护的实践工作中。通过参与实际的保护项目，学者可以将专业知识直接应用于实践中，提供实质性的支持。与此同时，学生也能够通过参与保护实践，将课堂学到的理论知识付诸实践，培养实际操作能力。这种实践参与不仅使高校人才更贴近非遗项目的保护需求，还为保护机构引入创新的思维和年轻的力量。

高校与非遗保护机构的学术研究与保护实践的合作是一种理论与实践相结合的有效模式。通过深入的学术研究，为非遗项目提供更为丰富的理论支持；通过实践参与，将理论知识付诸实践，为非遗的实际保护提供专业的支持。这种合作模式有助于促进非遗的全面发展，同时培养出更具实际能力的非遗保护专业人才。

三、传承创新与创意产业

高校与非遗保护机构的合作在传承创新与创意产业方面发挥着关键作用。这种合作不仅鼓励传承者与高校共同创新，将传统技艺与现代创意相结合，还推动非遗项目走向市场，培养创意产业人才，促进非遗的商业化发展。

合作鼓励传承者与高校共同创新，将传统技艺注入现代创意中。通过将高校的创意资源与非遗传承者的传统技艺相结合，可以创造出新颖、独特的作品，为非遗传承注入新鲜活力。这种传承创新的模式不仅有助于保护非遗文化，还能够吸引更广泛的受众，使非遗文化更好地适应现代社会的需求。

合作可以推动非遗项目走向市场，培养创意产业人才。高校作为培养人才的重要机构，可以通过合作将非遗项目转化为市场上具有竞争力的产品。这不仅有助于非遗的商业化发展，还培养了一批懂得将传统文化转化为商业价值的人才。创意产业人才的培养不仅促进了非遗的传承与发展，也为社会经济的繁荣做出了贡献。

高校与非遗保护机构的合作在传承创新与创意产业方面产生了积极的影响。通过共同创新，为非遗传承注入新的活力；通过推动非遗走向市场，培养创意产业人才，促进了非遗的商业化发展。这种合作模式为传统文化的传承与创新提供了新的路径，使非遗更好地融入现代社会并焕发新的生命力。

四、社会服务与公共教育

（一）社会服务

高校与非遗保护机构的合作可以拓展非遗传承的社会服务，通过提供专业培训、文化活动等服务，更好地服务社区和公众。

（二）国际合作与交流

交流包括学术交流与文化交流。学术交流指高校与非遗保护机构的合作有助于促进国际学术交流，通过合作项目与国际非遗保护组织分享研究成果和经验；文化交流指合作可以促使国际文化交流，加强不同国家之间在非遗保护领域的合作与理解。

第五章

高校非遗文化作品设计与教学实践的展望

未来，高校与非遗保护机构的合作在非遗文化作品设计与教学实践中将迎来更为广阔的发展空间。随着数字化技术的不断发展，合作可以借助虚拟现实、增强现实等技术手段，为非遗传承者和学生提供更为丰富、沉浸式的学习体验。这种创新的教学实践模式有望激发学生的兴趣，促使他们更主动地参与到非遗文化的创作与传承中。

合作还可以深化与社会的互动，促进非遗文化作品更好地融入社区和市场。通过与社会机构、企业合作，非遗项目可以更好地适应市场需求，形成可持续的商业模式。这样的互动也为非遗传承者提供了更多展示和推广的机会，使非遗文化更广泛地为公众了解和接受。

高校与非遗保护机构的合作在未来有望在教学实践和文化作品设计领域取得更大的成就。通过不断创新教学手段，提升学生参与度；通过深化社会互动，促进非遗文化更好地融入社区和市场。这一合作模式将为非遗的传承与创新打开新的可能性，为非遗文化在当代社会中发挥更大的作用提供有力支持。

第一节　创新实践的启示

高校在非遗文化作品设计与教学方面进行了多方面的创新实践。这些实践包括设立专业、实验班，建立研究中心，以及跨学科整合等方式。成功案例涵盖艺术与设计、电影艺术、数字传媒、文创设计等多个领域。通过将传统文化元素与现代设计理念相结合，培养学生的设计能力，促进非遗文化的传承与创新。与非遗传承人、社区的合作、国际交流等形式也在推动非遗文化在当代的传播与发展中发挥着积极作用。这些实践不仅拓宽了学科领域，还为学生提供了更广泛的职业发展机会。

以下是一些成功的高校非遗文化作品设计与教学创新实践的案例，会为非遗在高校的传播提供一些启发。

一、中国美术学院非物质文化遗产创新设计专业

中国美术学院设立了非物质文化遗产创新设计专业，通过融合传统文化和现代设计理念，培养学生的设计能力。学生在课程中学习传统手工艺技能，并运用现代设计手法创作出具有时代特色的非遗作品。这种专业的设立有助于传统文化的传承和创新。

二、南京艺术学院非遗文化设计实践基地

南京艺术学院建立了非遗文化设计实践基地，与地方非遗传承人合作，让学生深入了解传统技艺。学生在实践中学习传统手工艺，并通过创作设计作品将非遗元素融入现代设计中。这种基地的建设为学生提供了与传统手工艺人直接接触的机会。

三、上海戏剧学院非遗传承与创新项目

上海戏剧学院通过戏曲等传统艺术形式，开展非遗传承与创新项目。学生参与传统戏曲的学习，并在此基础上进行舞台设计、服装设计等创新实践。这种项目促使学生在传承传统文化的同时，通过戏剧艺术呈现非遗文化的魅力。

四、清华大学非遗文化创新实验班

清华大学设立了非遗文化创新实验班，将非遗文化与工程技术相结合。学生学习传统手工艺，并运用先进技术进行创新设计，如使用3D打印技术赋予传统工艺新的表现形式。这种实验班的模式激发了学生对传统文化与技术创新的兴趣。

五、中央民族大学少数民族非物质文化遗产设计专业

中央民族大学开设了少数民族非物质文化遗产设计专业，注重少数民族传统文化的保护与传承。学生在学习中深入了解少数民族的传统文化，通过设计实践将这些元素融入现代设计中。这有助于推动少数民族非遗文化的传承和创新。

六、武汉纺织大学传统工艺与创新设计专业

武汉纺织大学设立了传统工艺与创新设计专业，致力于将传统纺织工艺与现代设计相结合。学生学习传统纺织技艺，并通过设计实践创作出具有创新性的纺织品，传承和发扬传统工艺的精髓。

七、山东艺术学院文创设计专业

山东艺术学院的文创设计专业注重将文化创意与传统文化相结合。学生学习非遗元素的运用，通过设计项目将传统文化融入产品、图书、展览等方面，促进非遗文化在当代的传播与发展。

八、北京电影学院传统文化与电影艺术专业

北京电影学院设立了传统文化与电影艺术专业，旨在将传统文化元素融入电影创作中。学生在课程中学习传统文化、非遗表演艺术等，通过电影的表现形式生动地呈现这些元素。这种创新实践使非遗文化更具影响力，同时培养了具备电影创作能力的专业人才。

九、四川美术学院非遗文化创新与设计研究中心

四川美术学院成立了非遗文化创新与设计研究中心，通过举办研讨会、展览等形式促进师生深度参与非遗文化传承。学生参与研究项目并与非遗传承人共同合作，通过实际项目推动非遗文化的创新与设计。

十、西安交通大学数字传媒艺术与设计专业

西安交通大学的数字传媒艺术与设计专业将数字技术与非遗文化相结合。学生学习数字媒体技术，并运用这些技术在虚拟空间中呈现传统文化。通过虚拟现实、互动设计等手段，学生创作出具有非遗特色的数字艺术作品。

这些案例强调了高校在非遗文化作品设计与教学方面的多样化创新实践。无论是将传统文化融入电影、数字媒体，还是通过研究中心、专业设立等方式，都推动了非遗文化的传承、创新和在不同领域中的应用，为学生提供了更广泛的学科背景和职业发展的可能性。

我们可以强调高校非遗文化设计专业在培养学生创新意识方面所采取的多样化方法和策略。通过项目式学习、创客工坊、行业合作、实地考察、数字化工具应用、参与创业竞赛、专业课程设计以及学生分享与讨论等多方面的实践，学生得以全面提升对非遗文化的理解和创新。

这些方法不仅可以使学生在设计中融入传统元素，还鼓励他们勇于尝试创新理念，促使非遗文化在现代社会中焕发新的生命力。从实践中培养创新意识，不仅有助于学生个体的成长，也为社会提供了富有创意和可持续性发展的非遗文化设计人才。

高校非遗文化设计专业在不断探索中，通过多元化的创新教学方式，为学生打开了通往非遗文化传承与创新之路。这也为我们共同关注、传承和发展非遗文化提供了有益的经验和启示。通过学术研究、实践项目、国际合作等多重途径，我们可以期待更多非遗文化设计的新理念、新作品在未来涌现，为文化的传承注入新的活力。

这些创新性的教学方法也为学生提供了更广阔的视野和全面的能力培养。从实地考察到数字化工具的应用，从参与创业竞赛到专业课程设计，每一项实践都强调了综合素养的培养，使学生在非遗文化设计领域更具竞争力。

通过培养创新意识，学生不仅能够更好地将传统文化元素融入设计中，还能够在现代社会中发挥更大的影响力。这种教育模式不仅关注学科知识的传授，更注重学生的实际动手能力和创造性思维的培养，为未来的非遗文化传承和创新奠定坚实基础。

高校非遗文化设计专业通过各种形式的创新实践，不仅提升了学生的专业水平，更在推动非遗文化的传承与创新方面取得了显著成果。这不仅为学生未来的职业发展奠定了基础，也为社会培养了更具创造力和责任感的文化传承人才。这一系列的教学策略和实践经验，对于更好地传承和弘扬非遗文化在当代社会具有重要的借鉴意义。

——第二节　对高校非遗文化作品设计教学的设计——

我们用一些实例进一步展示了高校在非遗文化作品设计教学的多元化实践。通过这些实践，学生不仅在设计技能上得到培养，同时在思考、合作、国际交流、学术研究等方面也得到了全面发展，为将来成为具有社会责任感的设计专业人才奠定了基础。

一、文化传承与创新的平衡

某高校开设非遗文化设计课程，学生学习了传统的刺绣技艺。在项目中，要求学生运用传统刺绣技法，但设计的主题却是与当代生活相关的城市化问题。这样的设计要求既传承了传统技艺，又促使学生思考如何将传统与现代社会问题相结合，呈现出具有时代感的非遗作品。

二、个性化与团队协作

某高校设计专业组织学生参与一个非遗文化创作团队项目。在项目中，学生可以选择在团队中承担不同的角色，如负责设计、工艺制作、策划等。这样的团队协作使每个学生既能够发挥个人特长，又能够学会与不同专业背景的同学协同工作。

三、社会需求与市场导向

某高校非遗文化设计专业组织了一个与当地手工艺品市场合作的项目。需要学生了解市场需求，研究当地受欢迎的非遗元素，并设计具有市场潜力的产品。通过这样的实践项目，学生可更好地理解设计与市场之间的关系，同时促进当地非遗手工艺品的推广。

通过参与市场合作项目，学生需要主动了解当地手工艺品市场的需求、趋势和受欢迎的元素，从而锻炼他们对市场的调研能力，更准确地理解社会需求。深入市场了解的过程使学生能够更好地将设计与实际市场需求相结合，设计的产品更符合消费者的口味，提高市场竞争力，使非遗文化在市场中更具生命力。同时，通过与市场合作，学生不仅了解市场需求，还培养了商业意识，如考虑产品的商业可行性、定价策略等，为未来从事非遗文化产业的学生提供了重要的商业素养。这样的实践项目对传统工艺的传承和当地经济的发展起到了积极作用。参与市场合作项目通常需要团队协作，同时，学生需要进行项目管理，以确保设计与市场需求的有效结合，从而培养学生的团队协作和项目管理能力。这一系列综合能力的培养将有助于学生更好地应对非遗文化设计与市场相结合的实际挑战。

四、可持续发展观念

在某高校的非遗文化设计教学中，鼓励学生设计以可持续发展为主题的作品。例如，设计利用可再生材料的手工艺品，或者思考如何通过设计传统工艺产品促进当地社区的经济发展。这样的设计教学可以使学生认识到设计与可持续发展之间的关联。

通过设计利用可再生材料的手工艺品等项目，学生深刻理解环保与可持续发展的重要性，培养了他们的环保意识，使其在设计中更注重选择环保友好的材料和工艺。同时，鼓励学生思考如何通过设计传统工艺产品促进当地社区的经济发展，使他们关注传统工艺在可持续发展中的作用，从而推动传统工艺的可持续传承。在以可持续发展为主题的设计中，学生结合创新思维与社会责任感，培养其在设计过程中考虑社会影响、生态平衡等方面的综合能力。通过思考如何通过设计传统工艺产品促进当地社区的经济发展，学生在设计产品时不仅注重艺术性，还应关注产品的实际运用和社会价值，推动非遗文化成为当地社区的经济助力。这样的设计教学旨在培养学生的综合素养，使他们在未来工作中能够更全面地理解并应对复杂的社会问题，为其成为有社会责任感的设计专业人才奠定基础。

五、反思与批判性思维

在一门非遗文化设计课程中，学生在设计项目后被鼓励撰写设计理念与反思报告。学生需要审视自己设计背后的文化观念，并通过批判性思考了解设计作品可能对社会产生的影响。这样的实践能培养学生对文化和社会问题的深刻理解。

通过鼓励学生审视设计背后的文化观念，使其更加敏感地关注文化因素，深入思考设计的文化内涵，从而培养自身的文化敏感度。同时，通过批判性思考设计作品可能对社会产生的影响，培养自身对设计决策的批判性思维，使自己能够更全面地考虑设计的社会和文化影响力，从而提高设计的质量和深度。通过深化对社会问题的理解，学生在反思报告中会更加关注设计作品对社会产生的潜在影响，进一步培养了其社会责任感。促进跨文化交流的实践，使学生有机会探讨设计中涉及的跨文化问题，培养其在多元文化环境中的工作能力。通过撰写设计理念与反思报告，学生可以深入思考自己的设计作品，培养其对个人设计风格、观念的自我认知，帮助他们更好地找到在设计领域的定位。这一系列实践共同促使学生在设计教学中全面发展，提升学生们的综合素养和设计能力。

这样的设计教学实践不仅仅在技术层面培养了学生的设计能力，更在思想层面培养了他们的文化敏感度、批判性思维、社会责任感、跨文化交流能力和自我认知能力。这些综合素养将使学生更好地应对复杂的设计问题，成为有思想深度和社会影响力的专业设计人才。

六、数字化工具的有效应用

某高校的非遗文化设计专业将数字化工具融入课程，如使用3D建模软件。学生可以在数字平台上呈现传统工艺设计产品，通过虚拟展览的方式进行展示。

通过使用数字化工具，如3D建模软件，学生不仅获得了数字设计的基本技能，更培养了对这些工具的熟练运用能力，使他们在未来的设计实践中更具竞争力，能够适应数字时代的需求。此外，数字化工具的应用使传统工艺品能以数字化的形式呈现，并通过虚拟展览进行展示，为非遗文化传承提供了新的方式，同时也为创新提供了更广泛的表达空间。通过数字平台展示传统工艺品，非遗文化得以在全球范围内传播，促进了国际文化的交流与理解。数字化工具不仅提供了更丰富的展示方式，还通过多媒体、互动等元素增强传播效果，吸引更多观众关注非遗文化，提升其在社会中的认知度和影响力。这一实践也为相关领域创造更多的就业机会，同时减少了对实际材料的需求，符合坚持环保与可持续性的理念，培养学生的环保意识。综合而言，数字化工具的广泛应用为非遗文化设计专业带来了多方面的社会优势，促使传统文化更好地融入现代社会，并为其注入新的生机。

七、国际化视野

某设计专业开设了国际交流项目，邀请国际非遗专家与学生合作开展设计项目。在与国际团队的合作中，学生不仅学到了其他国家非遗文化的独特之处，也提高了跨文化沟通与合作的能力。这样的国际化合作项目为学生拓宽了视野，促进了全球范围内非遗文化的传承与交流。

国际化合作项目使得不同国家的非遗文化得以交流与融合，从而丰富了非遗文化的传承。学生通过接触其他国家的非遗文化，为自己的设计实践注入了更加多元的元素，促进了非遗文化的创新与发展。

通过参与国际化合作项目，拓宽了学生的视野，使其能够更全面地了解世界各地的非遗文化。这有助于培养学生更宽广的思维方式，提高其解决问题的全球化能力。

国际合作项目不仅要求学生在设计方面有一定的能力，还需要具备团队合作、跨文化沟通等综合素养。这种项目在提升学生的综合素养的同时，使其在未来职业生涯中更全面、更具竞争力。

通过国际化合作项目，设计专业学生的作品能够在国际平台上展示，促进了全球范围内非遗文化的传播与推广。这有助于提高非遗文化的知名度，增强其在全球范围内的影响力。

将国际化视野融入设计专业的非遗文化项目，不仅为学生提供了宝贵的学习机会，更为社会带来了跨文化交流、非遗文化传承与发展以及全球非遗文化推广等多重好处。这样的实践有助于培养具有全球意识和综合素养的设计专业人才，推动非遗文化在国际舞台上的繁荣和传承。

八、展览与推广

某高校非遗文化设计专业组织学生参与当地艺术展览，并与地方博物馆合作展示非遗文化作品。通过展览，学生不仅有机会向公众展示自己的作品，还可以获得观众的反馈，促进非遗文化在社会中的认知度。这样的展览活动也为学生提供了实际的推广经验。

（一）提升非遗文化认知度

学生参与艺术展览，公众有机会近距离接触非遗文化作品，从而提升社会对非遗文化的认知度，有助于加强对传统文化的理解，推动非遗文化在社会中的发展与传承。

（二）促进学生交流与反馈

学生参展获得向公众展示自己作品的机会，同时能够与观众进行交流，接收观众的反馈。这种交流不仅可以帮助学生改进设计，还促进了文化创意的互动，加强了公众与非遗文化之间的联系。

（三）实践推广经验

学生参与展览活动获得实际的推广经验。通过与地方博物馆合作，学生学会如何有效地展示非遗文化作品，借助展览平台传递文化信息。这为学生未来从事相关工作提供了实际推广的技能和经验。

（四）激发学生创造力

展览活动为学生提供了展示创意的机会，鼓励他们在设计中发挥创造力。学生有机会通过自己的作品传递独特的文化价值，激发他们对非遗文化的创新思考。

（五）弘扬本地文化

与地方博物馆合作，特别是在当地艺术展览中展示非遗文化，有助于弘扬本地文化，促进地方特色的传承。这对地方文化的保存和推广起到积极的作用。

学生参与当地艺术展览与博物馆合作展示非遗文化作品，为社会带来了提升文化认知度、促进学生交流与反馈、推广经验、激发创造力以及弘扬本地文化等多重好处。这样的实践不仅有利于学生的专业发展，也有助于推动非遗文化在社会中的传承与发展。

九、学术研究与创新

某高校非遗文化设计专业设立了研究课题，鼓励学生参与非遗文化相关的学术研究。学生可以选择感兴趣的课题进行深入研究，通过论文或项目报告形式呈现研究成果。这样的实践培养了学生的学术研究与创新能力，促进了非遗文化的深度挖掘。

高校非遗文化设计专业通过设立学术研究课题，成功促使学生深入挖掘非遗文化的多个层面，包括历史、技艺、传承等，为文化传承提供了更丰富的资料和视角。同时，培养了学生的学术研究能力，使其具备深度思考和解决问题的能力。通过学术交流和合作，推动了非遗文化领域的学术发展。此外，学术研究课题的开展鼓励学生在设计中融入创新理念，从而推动非遗文化的创新发展。最重要的是，这样的学术研究为非遗产业提供了智力支持，为其可持续发展提供了有针对性的建议。这种实践不仅有利于学生的个人成长，也有助于推动非遗文化在学术和产业领域的全面发展。

第三节 培养学生对非遗文化的创新意识

高校通过多种教学方法和实践活动，全面培养学生对非遗文化的创新意识。项目式学习、创客工坊、实地考察等举措，使学生在设计中融入传统元素并注重创新。国际化合作项目、数字化工具应用等拓宽了学生视野，促进了全球范围内非遗文化的传承与交流。文化创意展示、参与社会活动、学生分享与讨论等方式提供实际推广机会。专业课程、导师指导、国际交流等形成全面的培养体系，培养了学生深度思考和解决问题的能力，激发其创新思维，从而为传统文化注入新的活力。这些实践不仅服务于学生的个人成长，也为社会带来了跨文化交流、非遗文化传承与发展、全球非遗文化推广等多重好处，推动了非遗文化在学术和产业领域的全面发展。

一、项目式学习

通过设计一系列项目，要求学生在设计中融入非遗元素，并注重创新。例如，让学生设计一个结合传统技艺的现代生活用品，鼓励他们思考如何在保留传统特色的同时符合现代需求。

项目式学习是一种基于实际项目的教学方法，通过让学生在真实场景中应用知识，培养他们的实践能力和创新思维。在非遗文化设计专业中，采用项目式学习的方式，设计任务可以着重融入非遗元素并强调创新。

设计结合传统技艺的现代生活用品，学生需要深入了解传统技艺的精髓和特色。这促使学生对非遗文化进行深入研究，从而提高他们对传统工艺的理解和尊重。

鼓励学生思考如何保留传统特色的同时符合现代需求，推动学生的创新思维。这要求学生在设计中不仅要尊重传统，还要面向现代社会的需求，找到传统与现代的有机结合点。这不仅培养了学生在设计过程中解决问题的能力，又提升了他们的创造性思维。

具体表现在：

实践应用能力的提升：学生通过实际项目的设计，将理论知识应用于实际情境中，提高他们的实践应用能力。

对传统文化的理解与尊重：通过融入非遗元素，使学生深入理解传统文化，并在设计中体现对传统的尊重，有助于传统文化的传承。

培养创新思维：设计要求学生思考如何创新，促使他们增强创新思维，寻找传统与现代的平衡点，为非遗文化注入新的时代内涵。

解决问题：学生需要在设计中解决如何保留传统特色的同时又符合现代需求的问题，从而培养他们解决实际问题的能力。

团队协作与沟通：项目式学习通常需要学生团队协作，促进团队协作与沟通能力的培养，反映了设计领域中团队合作的现实情境。

二、创客工坊

创客工坊是一种促使学生亲身动手实践、创造的教学方法，通过制作与非遗文化相关的手工艺品或艺术品，学生能够在实践中深入体验传统工艺，同时寻找创新点。以下是针对创客工坊的优势论述：

亲身体验传统工艺：创客工坊提供了学生亲自动手的机会，通过实际制作手工艺品，学生能够深入体验传统工艺的技艺和过程。这种实践性的学习方法有助于加深学生对非遗文化的理解。

创新点的发现：通过尝试新的材料、工艺或设计理念，学生能够在传统中寻找创新的可能性，激发他们的创造性思维。

团队合作与交流：创客工坊通常需要学生进行团队合作，共同完成手工艺品的制作。这能够促进学生之间的交流与合作，培养团队协作的能力，同时反映实际设计工作中的合作氛围。

实践与理论结合：创客工坊通过将实际制作与理论知识相结合，使学生在实践中应用在课堂上学到的知识。

激发创造性思维：通过创客工坊，学生在实际制作中面对问题时，需寻找创新的解决方案，这培养了学生解决问题的能力，使其更具创新潜力。

三、行业合作项目

与相关行业建立合作项目，让学生参与真实的设计任务。例如，与当地手工艺品生产商合作，要求学生设计新颖的产品，既传承了传统，又具有市场竞争力。

行业合作项目是一种将学术知识与实际行业需求相结合的教学方式，通过与相关行业建立合作，让学生参与真实的设计任务。在与当地手工艺品生产商合作的项目中，学生被要求设计新颖的产品，传承传统的同时，还具备市场竞争力。以下是对行业合作项目的优势论述：

实践设计技能：行业合作项目为学生提供了在真实场景中应用设计技能的机会。通过与手工艺品生产商合作，学生能够实际参与产品设计、制作和市场推广，提升自身的实际操作能力。

传统文化传承与创新：与手工艺品生产商合作，要求学生在设计中传承传统，同时注重创新。这种结合传统与现代的设计理念有助于传统文化的传承与发展，使非遗元素更好地融入当代社会。

市场竞争力提升：通过与手工艺品生产商的合作，学生设计的产品不仅要具备传统特色，还需要符合市场需求，以提高产品的竞争力。这培养了学生关注市场、考虑商业可行性的能力。

行业专业知识的获取：与行业合作项目，可以让学生直接接触行业实践，从而获得行业专业知识，了解手工艺品生产的流程、市场需求等，使学生更具行业洞察力，为未来就业奠定基础。

产业链协同发展：行业合作项目促进了学校与相关产业的协同发展。学校通过与手工艺品生产商建立紧密联系，可以更好地了解产业发展趋势，为培养适应市场需求的专业人才提供参考。

促进当地经济发展：与当地手工艺品生产商合作促进了当地手工艺品产业的发展，学生设计的新颖产品可以为当地手工艺品注入新的活力，从而推动当地文化产业的繁荣。

行业合作项目对于学生的实际能力培养、传统文化传承与创新、市场竞争力提升等方面都带来积极的影响。这种合作不仅服务于学生的综合素养，也为当地文化产业的可持续发展提供了支持，反映了高校与社会、产业的有效融合。

四、实地考察与调研

组织学生进行实地考察，可以使其深入了解非遗文化的实际应用和现状。通过与传统工匠互动，学生能够汲取灵感，找到创新的方向。

实地考察与调研是一种通过实地实践来深入了解非遗文化的教学方法。通过组织学生进行实地考察，深入了解非遗文化的实际应用和现状，以及与传统工匠的互动，学生能够汲取灵感，找到创新的方向。以下是对实地考察与调研的优势论述：

深度了解非遗文化：实地考察使学生能够亲身感受非遗文化，深度了解传统工艺的技艺、历史和文化内涵。这种实地经验有助于学生更全面地理解非遗文化的独特之处。

汲取灵感与创新：与传统工匠互动，使学生能够直接了解传统技艺的传承者，从中汲取灵感。学生在实地考察中有机会发现创新的空间，进而将传统与现代相结合，推动非遗文化的创新发展。

培养实地调研能力：通过实地考察，培养学生实地调研的能力，包括现场观察、访谈和数据收集等。这些实际操作的技能对于学生未来从事设计工作至关重要。

加强与传统工匠的联系：实地考察有助于加强学生与传统工匠之间的联系。通过与工匠的直接接触，学生能够更好地理解传统技艺传承者的思想、工艺和困境，为在设计中考虑传统元素提供更深入的了解。

推动文化传承：实地考察有助于将学生融入非遗文化的实际传承过程中。学生通过与传统工匠的互动，有机会参与传统技艺的传承，从而推动非遗文化在新一代设计师中的传播。

促进地方文化发展：实地考察通常涉及学生深入当地社区，与传统工匠互动，从而促进当地非遗文化的传承与发展。这有助于推动地方文化产业的繁荣，同时培养学生对当地社区的责任感。

实地考察与调研是一种集实践性、创新性和文化传承性于一体的教学方法。通过这种方式，学生不仅能够深入了解非遗文化，还能够在实践中培养多方面的能力，为未来的设计工作打下坚实的基础。

五、数字化工具应用

引导学生学习使用数字化工具，如3D建模软件，将传统工艺以数字化的方式呈现。数字化工具的应用在非遗文化设计专业中可以为学生提供丰富的学习经验，以下是对数字化工具应用的优势论述：

创新设计的新可能性：引导学生学习使用数字化工具，如3D建模软件，通过数字化方式呈现传统工艺，学生在虚拟空间中进行实验和创作，探索非遗元素与现代设计的融合。

数字技术能力培养：学生通过学习数字化工具，不仅能够将传统工艺以数字化的方式呈现，还培养了数字技术方面的能力。这有助于他们在未来的设计实践中更具竞争力，适应数字时代的发展需求。

促进非遗文化传承与创新：数字化工具的应用使得传统工艺可以以数字化的形式呈现，为非遗文化的传承提供了新的方式。同时，数字化工具也为设计师提供了更多元的表达方式，促进了非遗文化的创新与发展。

提升展示效果：通过数字化工具呈现的作品可以在虚拟空间中进行展示，提升了作品的展示效果。这有助于学生更生动地展示他们的设计，吸引更多观众的关注。

全球传播与分享：数字化工具的应用使得设计作品可以轻松地在全球范围内传播与分享。学生的作品可以通过在线平台展示，让更多人了解和欣赏非遗文化的设计。

可持续发展观念的培养：数字化工具的使用减少了对实际材料的需求，符合环保与可持续性的理念。通过培养学生对数字化工具的熟练运用，有助于其在设计实践中注重可持续发展。

提高学科交叉能力：学生在使用数字化工具的过程中可能涉及学科交叉，如数字艺术、计算机辅助设计等领域。这有助于提高学生的学科综合能力，培养其跨领域的视野。

数字化工具的应用为非遗文化设计专业的学生提供了更丰富的设计手段和表达方式，也促进了非遗文化在数字时代的传播、创新与发展。这种数字化转型可以使非遗文化更好地融入现代社会，为其注入新的生机。

六、参与创业竞赛

鼓励学生参加相关的创业竞赛，提供平台让他们展示对非遗文化创新的理念和实践成果。这不仅可以激发学生的竞争意识，也推动了其创新思维的培养。

激发学生创业意愿：参与创业竞赛可以激发学生对创业的兴趣和意愿，面对实际的竞争环境，学生更容易认识到创新与创业的重要性，从而积极参与非遗文化创新。

推动创新思维：创业竞赛通常要求参赛者提出独特的商业模式和创新点，这促使学生在设计中寻找创新的灵感，培养了他们的创新思维能力。

提供实际实践机会：创业竞赛为学生提供了将创新理念转化为实际实践的机会。通过参与比赛，学生需要深入思考如何将非遗元素与商业模式结合，从而在实际操作中增强自己的设计与创新能力。

建立行业关系：参与创业竞赛通常涉及与行业专业人士、投资者等的交流，这有助于学生建立行业关系、了解行业趋势和需求，为将来的职业规划做好准备。

提升团队协作能力：创业竞赛通常需要学生组成团队共同合作。通过与团队成员的协作，培养学生的团队协作能力，这对于应对未来的工作环境是非常重要的。

获得反馈与认可：参与创业竞赛不仅是一个展示平台，同时也是一个获取专业评审反馈和认可的机会。这有助于学生在实践中发现问题、改进设计，得到业界的认可与支持。

促进非遗文化产业发展：学生通过创业竞赛提出的非遗文化创新理念，有望成为推动非遗文化产业发展的有力推动者。优秀的创意和商业模式有可能引领行业变革，促进非遗文化更好地融入现代社会。

培养解决问题的能力：创业竞赛中面临的挑战和问题培养了学生解决问题的能力，这种能力对于学生日后从事非遗文化设计与创新工作至关重要。

鼓励学生参与创业竞赛既能激发其创业热情，推动其创新思维的培养，同时也为其提供了实践机会、行业关系的建立，对于促进非遗文化产业的创新与发展有着积极的影响。

七、开设专业课程

在专业课程中引入创新设计理念，教授与非遗文化相关的设计方法与技巧，这有助于系统性地培养学生对非遗文化创新的思维方式，并在学科内建立起相应的理论框架。

设计理念与方法：专业课程应该涵盖非遗文化的设计理念与方法。学生需要学习如何在设计中融入传统元素，同时注重创新，使设计作品既保留传统文化的独特性，又符合现代需求。

技术与工艺培训：课程应该涵盖相关的技术和工艺培训，使学生具备实际操作的能力。这包括传统手工艺的制作技巧以及现代数字化工具的运用，为学生提供多元化的设计手段。

文化背景与历史意识：专业课程应该深入探讨非遗文化的文化背景和历史传承，使学生能够更全面地理解非遗元素的深层含义。这有助于设计作品更有文化内涵。

跨学科融合：专业课程应该鼓励跨学科融合，使学生能够结合非遗文化与其他领域的知识，创造更有创新性的设计。例如，与人类学、历史学等学科进行合作。

理论框架的建立：专业课程应该有助于学生在学科内建立起相应的理论框架。这包括非遗文化设计的理论基础、方法论，帮助学生形成系统性的思考方式。

评估与反馈机制：建立有效的评估与反馈机制，通过项目评审、作品展示等方式，及时了解学生在非遗文化创新设计方面的表现，并提供有针对性的指导和建议。

媒体与展示：专业课程应该教导学生如何利用媒体进行设计作品的展示与推广。这有助于培养学生在社会中更好地传播非遗文化创新的能力。

八、学生分享与讨论

定期组织学生分享自己的设计经验和创新思路,进行集体讨论。这种交流有助于学生互相启发,汲取彼此的创新灵感,形成一个学习共同体。

经验互通:学生分享设计经验和创新思路,可以使学生从其他人的成功或失败中获得宝贵的经验和教训。这种互通经验的过程促使学生更全面地理解非遗文化创新的挑战和机遇。

启发创新思维:学生通过分享自己的设计经验,能够启发他人的创新思维。看到同学在设计中的独特见解和创意点子,可以激发其他学生对创新的渴望,促使他们勇于尝试新的设计理念。

建立学习共同体:学生分享与讨论形成了一个学习共同体,促进了学生之间的紧密合作和互助。在这样的学习环境中,学生能够共同面对设计难题,相互支持,形成协作精神,进而提高整体学习水平。

集体创新:通过讨论,学生有机会将个体的创新融入集体中,形成更大范围的创新力量。集体的智慧能够带来更富有创意和实用性的设计解决方案,推动整个班级在非遗文化创新方面取得更显著的成果。

实践应用:学生分享设计经验时,往往会结合实际案例和应用情境,使得学习更具实践性。这样的实际案例分享有助于学生将理论知识应用到实际设计中,提升其实际操作能力。

促进批判性思考:学生在讨论中可能会提出对他人设计的批评或建议,这有助于提高其批判性思考的能力。通过学会用批判性的眼光审视他人设计,学生能够更深入地思考自己的设计,从而提高设计的质量。

实施方式包括定期组织学生座谈会、设计分享会、小组讨论等形式,通过这些平台,学生能够更自由地交流,畅所欲言。这种开放的学术氛围将有助于培养学生的创新思维和团队协作能力。

参考文献

[1] 计卫舸."非遗"资源思想政治教育价值的发现与利用[J].中国高等教育,2011（2）:38-40.

[2] 王福州.新时代中国非遗的文化使命[N].光明日报,2017-12-06.

[3] 王剑红.非物质文化遗产和艺术院校专业建设的融合[J].浙江艺术职业学院学报,2013（2）:87-91.

[4] 杨帅.非物质文化遗产融入地方高校教学的探究[J].美术大观,2018（7）:150-151.

[5] 梁惠娥,李佳敏.依托学科优势与特色,发挥高校博物馆育人功能——以江南大学民间服饰传习馆为例[J].博物馆研究,2013（4）:50-54.

[6] 柳冠中.设计是"中国方案"的实践[J].工业工程设计,2019（1）:1-8.

[7] 刘筱湄.高校美术专业传承非物质文化遗产的问题与对策[J].美术大观,2019（5）:150-152.

[8] 毛蕾.影视创作课程中基于非遗保护的教学实践研究[J].艺术科技,2016,29（10）:89.

[9] 许婷婷.高校参与非物质文化遗产保护、传承、创新的思考[J].江苏高教,2015（6）:105-106,120.

[10] 邵巍巍."非遗"主题设计教学的意义、理念与反思[J].齐鲁艺苑,2018（5）:73-76.

[11] 陈旭管.作品对非物质文化遗产的记录与书写[D].福州:福建师范大学,2016.

[12] 郝双玥.接受美学视域下中国微纪录片的叙事策略研究[D].西安:长安大学,2019.

[13] 何思颖.当代国产非物质文化遗产纪录片创作研究[D].重庆:重庆大学,2017.

[14] 胡力文.讲述文化故事:非遗类纪录片的创作策略[D].成都:四川师范大学,2017.

[15] 黄晓晨.论民俗手工艺类物质文化遗产纪录片的创作[D].保定:河北大学,2017.

[16] 纪晓峰.中国当代自然类纪录片的美学特质[D].西安:陕西师范大学,2013.

[17] 姜在青.纪录片"情景再现"中的表演元素[D].西安:陕西师范大学,2013.

[18] 梁现瑞. 中国纪录片对非物质文化遗产的书写[D]. 成都：四川大学，2007.

[19] 蔺宇璠. 非物质文化遗产题材纪录片的创作研究[D]. 兰州：西北师范大学，2017.

[20] 毛奕鸥. 非遗题材作品的创作方法研究[D]. 兰州：西北师范大学，2018.

[21] 孟彩霞. 山西临县伞头秧歌的文化内涵研究[D]. 太原：山西师范大学，2020.

[22] 孟祥燕. 大众文化语境下纪录片叙事风格的转型[D]. 长春：东北师范大学，2010.

[23] 秦建海. 纪录片《河西走廊》叙事研究[D]. 乌鲁木齐：新疆大学，2018.

[24] 史睿. 非物质文化遗产纪录片美学特征研究[D]. 济南：山东师范大学，2020.

[25] 田甜甜. 中国非物质文化遗产电视节目研究[D]. 保定：河北大学，2016.

[26] 王睿. 论纪录片色彩语言的运用[D]. 杭州：杭州师范大学，2019.

[27] 王文娟. "非遗"题材纪录片的叙事策略研究——以毕业作品《沙湾砖雕》为例[D]. 广州：暨南大学，2018.

[28] 王月. 基于美学角度的我国当代历史文化纪录片研究[D]. 西安：陕西师范大学，2011.

[29] 夏乐乐. 非物质文化遗产题材纪录片创作手法研究兼论个人纪录片《沉浮岁月的凤翔泥塑》[D]. 西安：西北大学，2018.

[30] 闫常乐. "非遗"类纪录片的叙事策略研究[D]. 广州：广州大学，2019.

[31] 袁有婷. 非遗题材纪录片的叙事艺术[D]. 聊城：聊城大学，2019.

附录

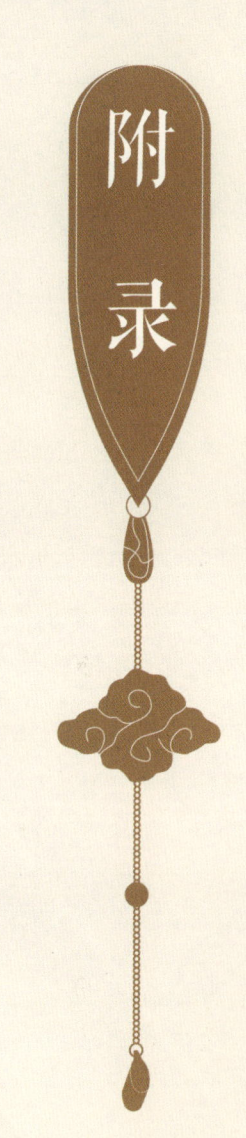

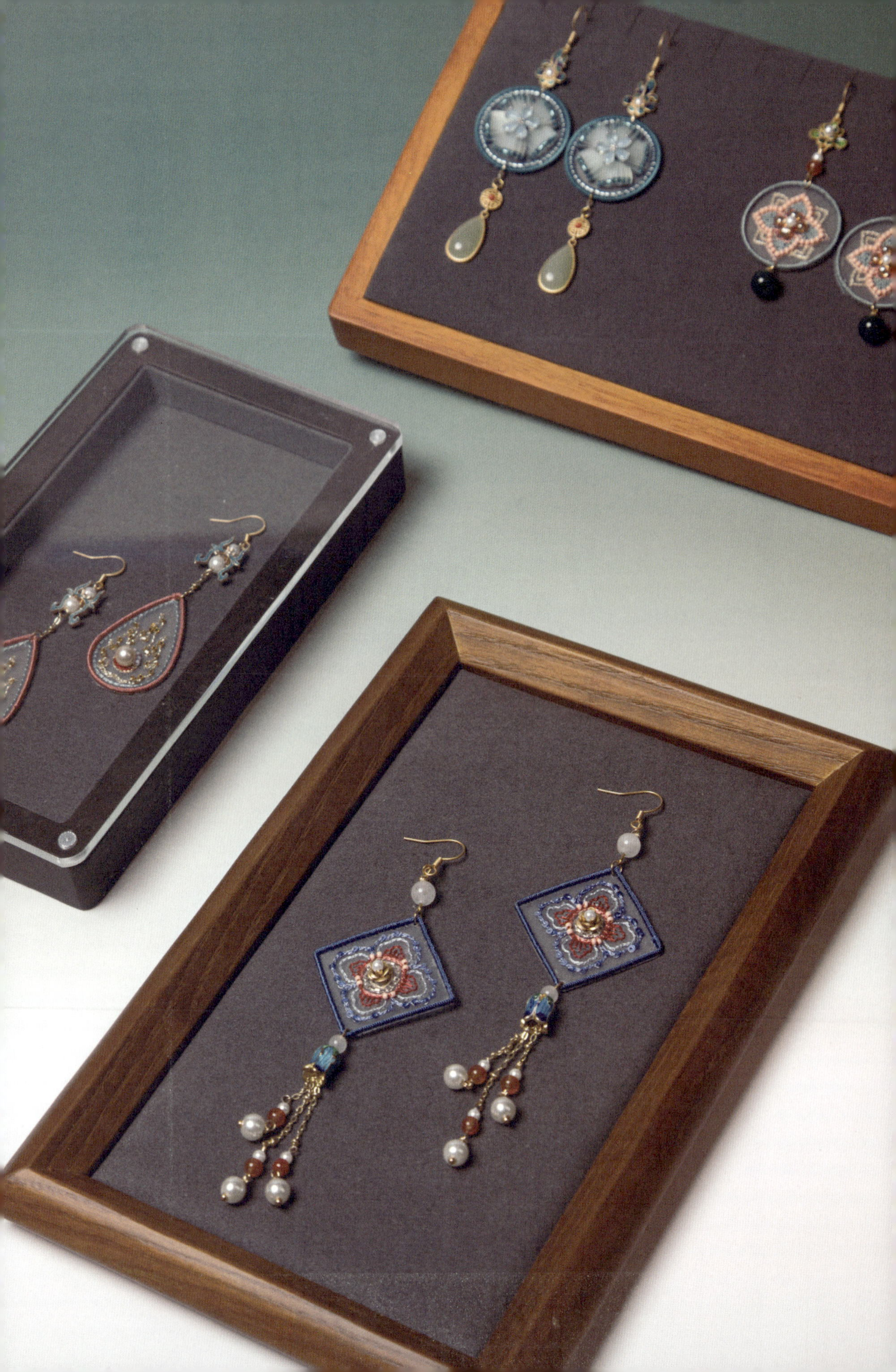

附录

068
–
069

附图 1
传统图案珠绣耳坠

溯源 守正 创新——高校非遗文化作品设计与教学实践

附图 2
蒙古族元素盘扣技艺衣襟挂饰

附图 3
传统元素盘扣技艺胸针

溯源 守正 创新——高校非遗文化作品设计与教学实践

附图 4
传统元素珠绣簪子

附录

072
-
073

附图 5
蒙古族元素刺绣家纺

溯源 守正 创新——高校非遗文化作品设计与教学实践

附图 6
再造传统图案纸巾盒

附录

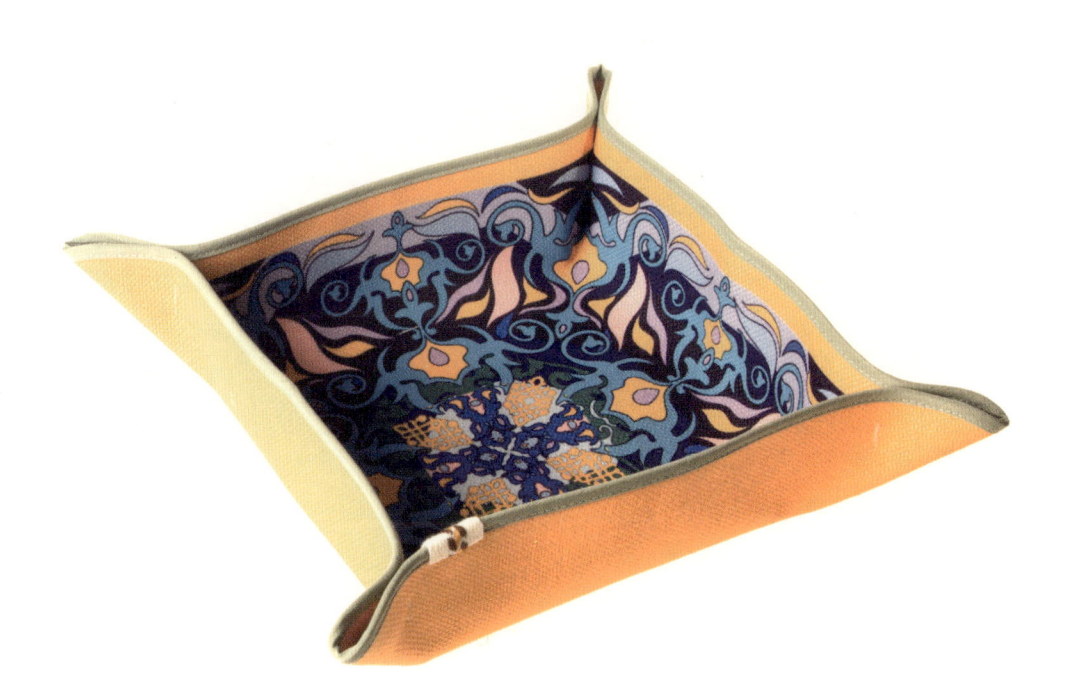

附图 7
再造传统图案置物盘

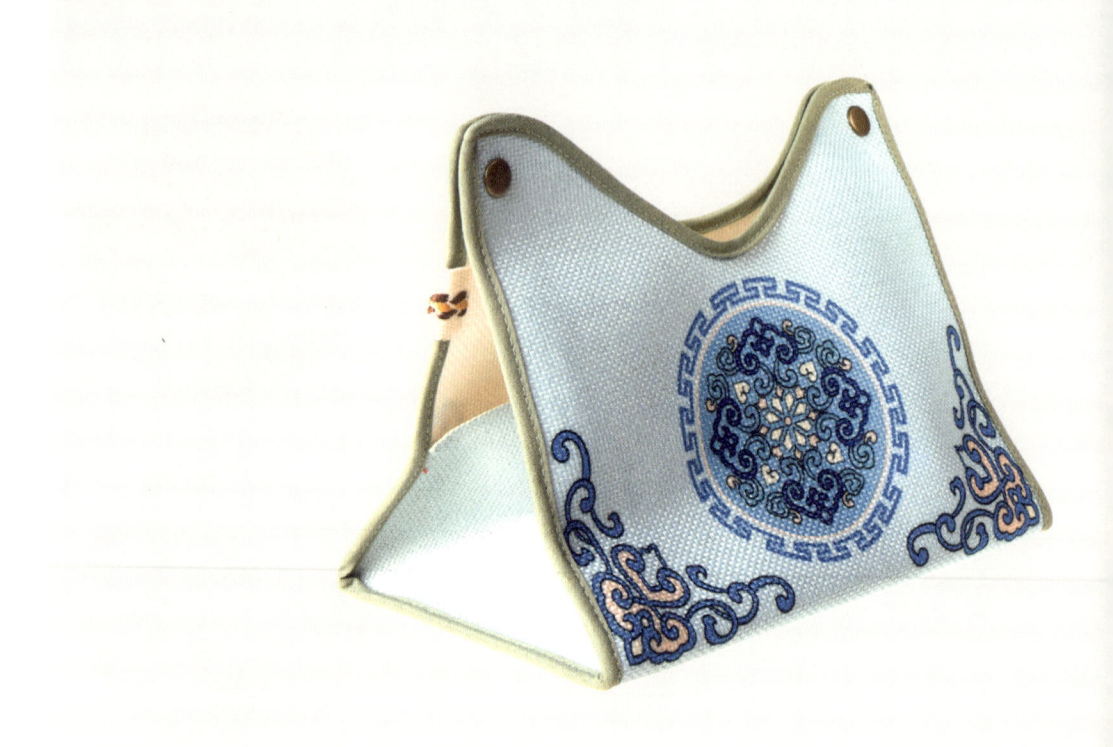

溯源 守正 创新——高校非遗文化作品设计与教学实践

附录

076
-
077

附图 8
再造传统图案家居用品 1

溯源 守正 创新——高校非遗文化作品设计与教学实践

附图 9
再造传统图案家居用品 2

附图 10
再造传统图案丝网印丝巾

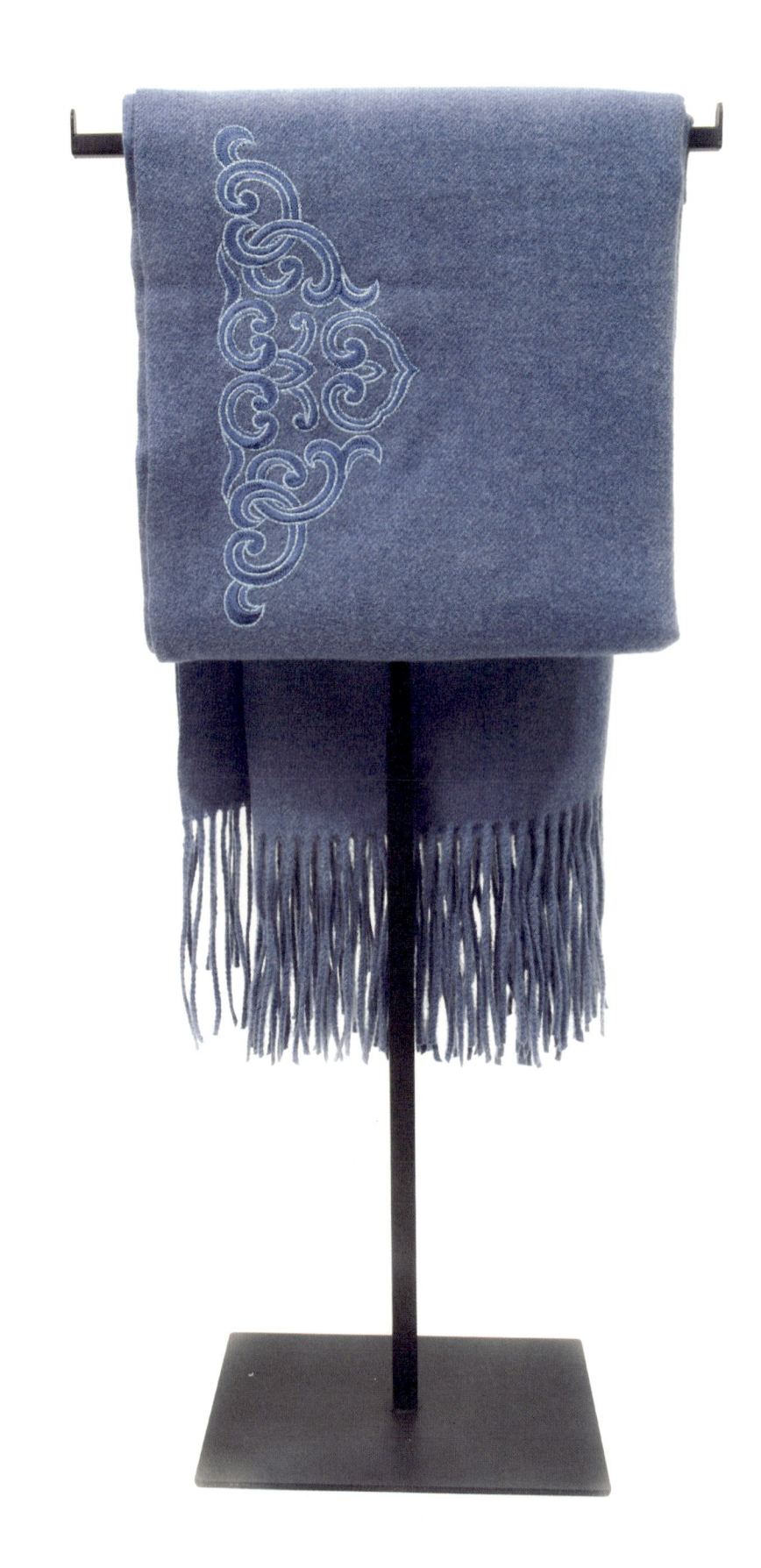

溯源 守正 创新——高校非遗文化作品设计与教学实践

附录

080
-
081

附图 11
传统图案羊毛围巾

溯源 守正 创新——高校非遗文化作品设计与教学实践

附录

082
–
083

附图 12
羊毛毡技术创新围巾

附图 13
珠绣、刺绣团扇

附图 14
珠绣、刺绣、毛毡挂饰

附图 15
传统图案珠绣、刺绣香包

溯源 守正 创新——高校非遗文化作品设计与教学实践

附图 16
传统图案珠绣、刺绣手机包

附图 17
传统图案珠绣、刺绣手拎包

附图 18
图案创新珠绣、刺绣抱枕

溯源 守正 创新——高校非遗文化作品设计与教学实践

附图 19
羊毛毡装饰物

附图 20
羊毛毡杯套

附图 21
羊毛毡与丝绸抱枕

溯源 守正 创新——高校非遗文化作品设计与教学实践

附图 22
蒙古族元素羊毛毡帽子

附图 23
羊毛毡、珠绣手提包

附录

090
-
091

附图 24
传统元素照明台灯

附图 25
羊毛毡珠绣卡包

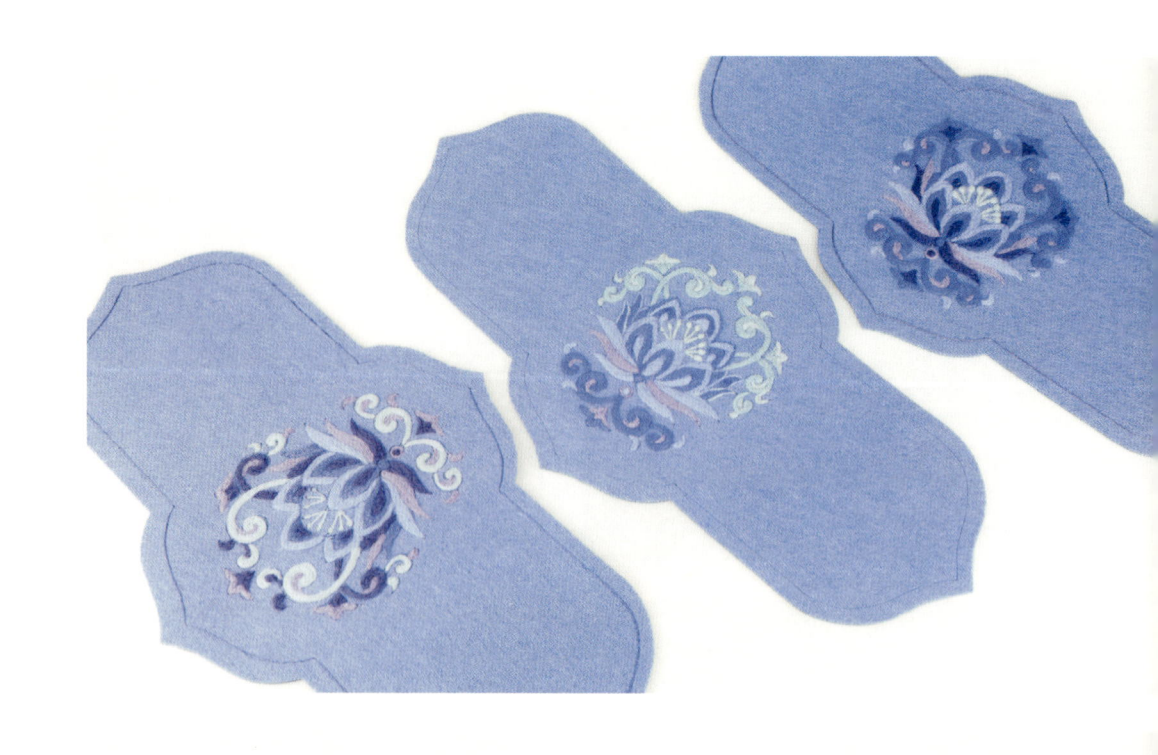

溯源 守正 创新——高校非遗文化作品设计与教学实践

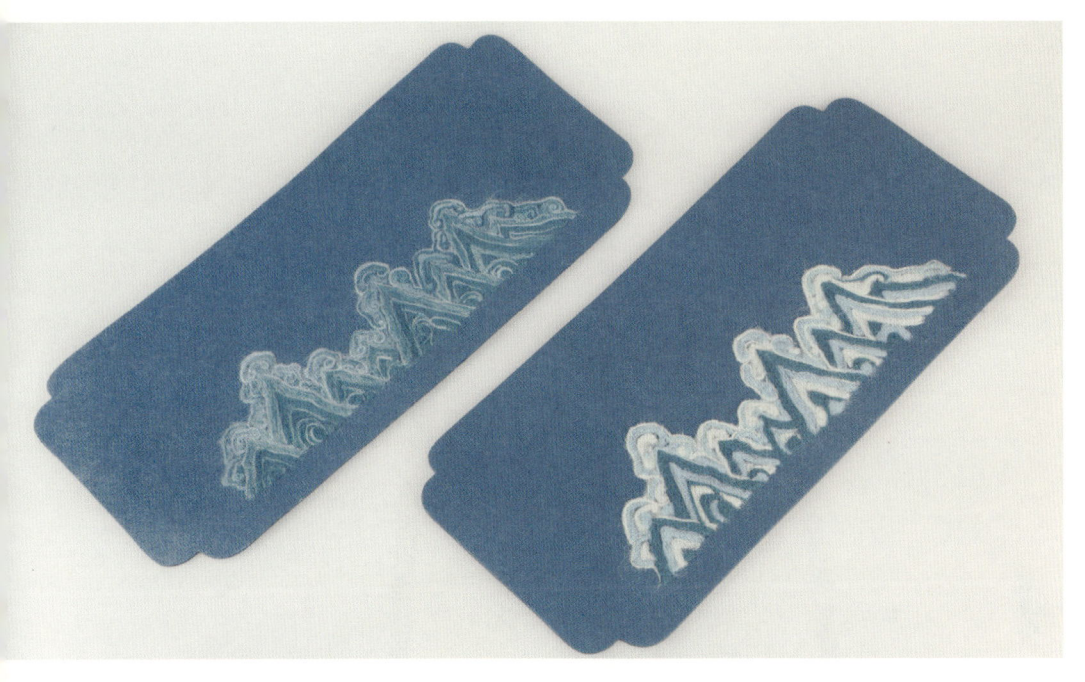

附图 26
羊毛毡茶垫

附图 27
羊毛毡斜挎包

附录

094
-
095

附图 28
羊毛毡书签

溯源 守正 创新——高校非遗文化作品设计与教学实践

附图 29
羊毛毡与织锦缎桌旗

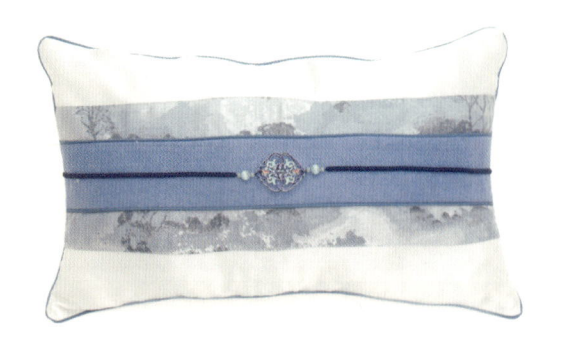

附图 30
羊毛毡与织锦缎抱枕

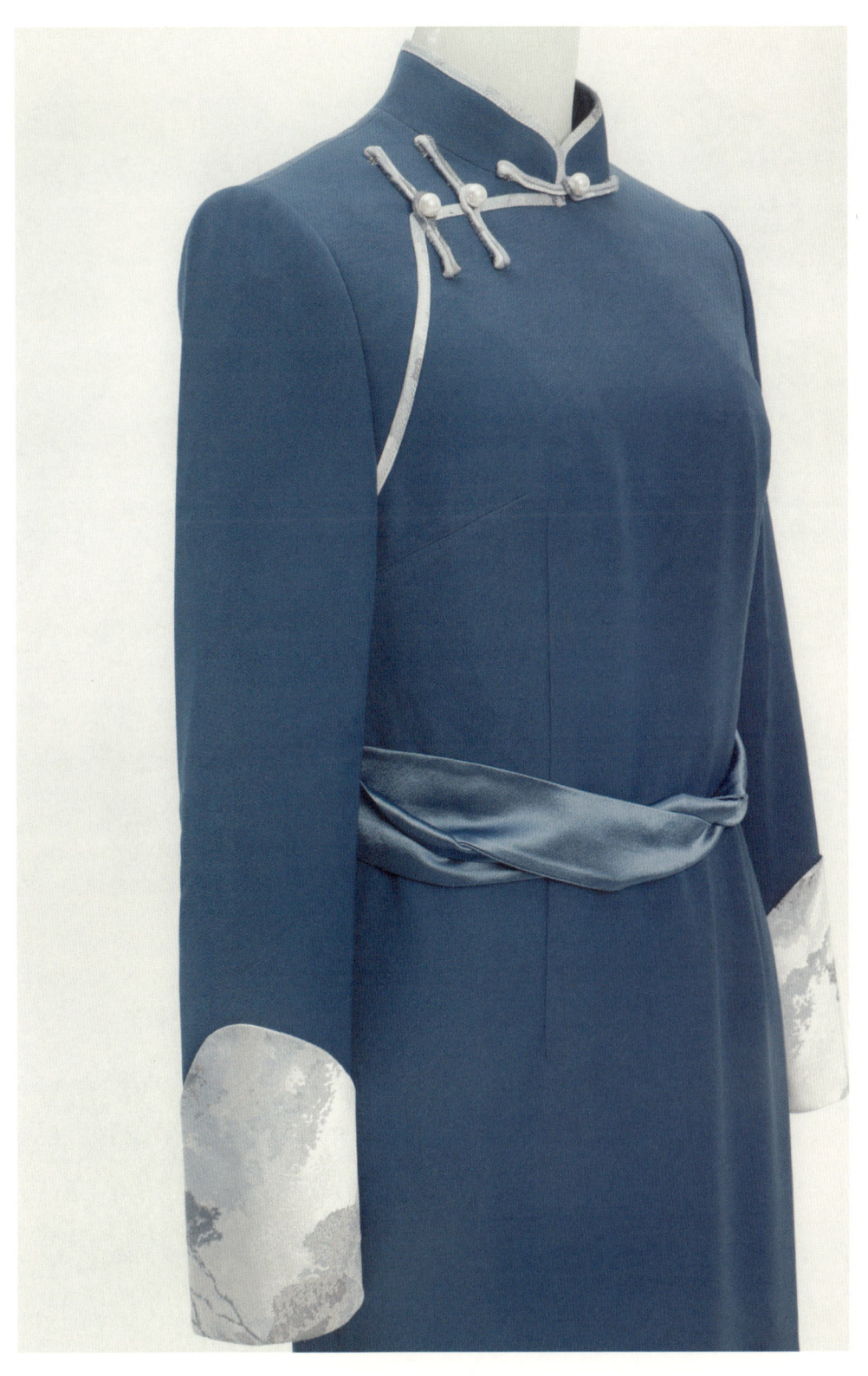

附图 31
羊毛与织锦缎蒙古族服饰

溯源 守正 创新——高校非遗文化作品设计与教学实践

附图 32
羊毛与织锦缎西服